I0061123

# Innovación Des

Soluciones de Valor para Retos de Innovación

Métodos, herramientas creativas  y casos de éxito

para hacer tangible  la innovación en las empresas

Alejandro Rios, Christian Piraquive,

Carlos Jaramillo, Fernando Piraquive

Copyright © 2019

Distilled Innovation

http://innovaciondestilada.com

ISBN: 9789584850454

# DEDICATORIA

Dedicado a todos aquellos que creen en un mundo mejor y actúan para conseguirlo.

Para Achi, quien fue un motor silencioso de este lindo sueño llamado Distilled Innovation.

# CONTENIDO

# AGRADECIMIENTOS

A todos nuestros clientes, colaboradores y aliados.

Y muy especialmente a: Alina Restrepo, Mónica Sanin, Carlos Federico Vasquez, Jorge Gómez, Alejandra Iregui, Camilo Ruiz, David Sánchez, Santiago Hoyos y Daniel Villa.

# INTRODUCCIÓN

¿Eres de los que está buscando todo el tiempo ideas innovadoras para generar impacto y dejar tu huella en el mundo? ¿Sientes el poder de tus ideas pero no sabes como hacerlas tangibles? ¿Estás buscando alternativas para validar rápidamente el potencial de tus ideas?

En Distilled Innovation estamos convencidos del potencial que tiene la innovación de mejorar la calidad de vida de las personas, y la productividad de las organizaciones.

La innovación es el arte de identificar patrones y hacer nuevas conexiones para retar continuamente el status-quo[1]. pero la prueba de una innovación no está solo en la novedad de la idea, ni en su contenido científico, sino en el valor real que genera en el mercado.

La innovación es un tema apasionante, pero también conlleva retos importantes: la falta de un proceso estructurado, recursos poco preparados, paradigmas culturales, dudas respecto al retorno en la inversión y resistencia al cambio al interior de las empresas.

Para afrontar estos retos y descubrir el valor que agrega la innovación a todos los procesos productivos, en las últimas décadas se han dado diferentes esfuerzos para estudiar el proceso creativo[2], y ha resultado evidente que el modelo educativo de la era industrial nos llevó a

---

[1] Innovation— What's Design Got to Do With It?. Bettina von Stamm (2004).
[2] Pensamiento Lateral (Edward de Bono, 1967), Múltiples inteligencias (1983, Howard Gardner ),  entre otros.

especializarnos en un solo campo profesional, pero estamos ahora en un nuevo renacimiento, un nuevo encuentro entre Arte y Ciencia, en el que cualquier persona puede ser creativa si tiene la confianza en utilizar y desarrollar todo el potencial de su cerebro.

Las herramientas del campo del Diseño nos han permitido entender al cliente en un nivel emocional para validar el potencial de las ideas y destilarlas a través de un proceso de innovación que nos permita construir modelos de negocio sostenibles, rentables y escalables.

Pero la innovación no es una cuestión de creatividad e iluminación, es un proceso colaborativo, como dice Steven Johnson[3]: "la suerte favorece a la mente con mayores conexiones", debemos permitir que nuestras organizaciones y ecosistemas se conviertan en Redes Líquidas donde las ideas circulen y se mezclen fácilmente, es necesario generar un ambiente de colaboración y co-creación en el que se generen experiencias de aprendizaje a través del trabajo en equipo y los aportes de cada uno de los participantes.

Esto permite generar soluciones innovadoras y viables a problemas reales y complejos, no solamente para las empresas (productos, servicios, procesos, etc.) sino también a nivel social, ambiental, político y hasta personal.

Es por esto que Distilled Innovation le apuesta a un proceso de colaboración inspirado en los métodos y herramientas de Design-Thinking, Lean Startup y Value Proposition Design, y que está enmarcado en 3 fases principales: Validar, Innovar y Escalar.

La Innovación Destilada inicia desde la conformación de equipos

---

[3] Where Good Ideas Come From: The Natural History of Innovation. Steven Johnson, 2010. Penguin

colaborativos, y la inmersión en el contexto del reto, generando empatía con las personas involucradas y convergiendo en una re-definición del mismo, luego genera la mayor cantidad de ideas y posibilidades, para converger de nuevo en la co-creación de un concepto fuerte de solución, que será prototipado y mejorado en un proceso iterativo de evaluación.

Desde su creación en 2014, la agencia Distilled Innovation se ha posicionado como una de las empresas líderes en innovación abierta en Colombia, creando la comunidad OpenDistillery y validando la metodología de Innovación Destilada tanto con grandes empresas, como con emprendedores en etapa temprana.

Creemos en este proceso y queremos que se conozca y se expanda su potencial por toda América Latina y que cada vez más personas tengan a mano herramientas prácticas para mejorar su calidad de vida a través de la innovación.

Te invitamos a unirte e imaginar un mundo mejor desde la innovación. Estamos ansiosos de co-crear contigo!

## Convenciones utilizadas a lo largo del libro

Al inicio de cada capítulo hay unos objetivos de aprendizaje, y al final unas reflexiones y tareas para poner en práctica los conceptos aprendidos.

En cada sección se encuentran cajones como el siguiente, con la lista de herramientas aplicables, las cuáles pueden encontrarse en el Anexo I, al final del libro:

---

**Herramientas Aplicables:**

- 
- 

---

# CAPÍTULO 1: PATRONES DE INNOVACIÓN E INNOVACIÓN ABIERTA

## Objetivos de Aprendizaje

● Establecer un lenguaje común sobre el significado y las diferencias entre Creatividad, Invención, I+D e Innovación

● Identificar los retos que tienen individuos y organizaciones a la hora de innovar

● Conocer los 7 patrones de innovación que pueden aplicarse a cualquier ecosistema o iniciativa de innovación

● Conocer los 7 pasos para la creación de una Cultura de Innovación Abierta y conocer cómo ésta puede ayudar a superar los retos al innovar

## 1.1. Definiendo la Innovación

Mucho se ha hablado de Innovación, pero ¿qué es realmente Innovar? ¿en qué tipo de entornos se puede fomentar? y ¿cómo se puede facilitar el proceso para evitar frustraciones?

A menudo se puede confundir la Innovación con otros conceptos como Creatividad, Invención, Investigación y Desarrollo, pero cuando se inicia un proceso de innovación, cada equipo debe llegar a su propio lenguaje común respecto a estos términos, para estar alineados sobre su propósito y los resultados esperados.

En la comunidad OpenDistillery, creemos que *la innovación es un acto humano para retar el status quo y dejar huella sobre el mundo*. Pero para entender éstas definiciones desde otro ángulo, demos una mirada al uso histórico que se ha dado a las mismas:

En la época del renacimiento, Leonardo Da Vinci estaba constantemente realizando nuevos diseños de mecanismos para diferentes aplicaciones. Su amigo Zoroastro era un alquimista experto en el manejo del metal y en su taller se dieron vida a muchos de los prototipos de Leonardo[4], pero aún así, muchos de esos diseños nunca fueron llevados a la realidad con la tecnología de su época, o solo fue posible llevarlos a cabo varios siglos después.

Nadie puede negar el genio creativo de Leonardo, pero para que una idea sea una verdadera innovación, la misma debe tener un impacto real en el mercado y en la sociedad.

De forma similar, cuenta la leyenda que en el siglo III A.C., el matemático griego Arquímedes, luego de estar pensando durante varios días en el reto de cómo medir exactamente el volumen de la corona del rey Hierón II, estaba tomando un baño, y en el momento en que su cuerpo entró a la bañera, derramó el agua fuera de la misma, dándose cuenta de que medir el nivel del agua antes y después de sumergir un objeto en ella era la respuesta que buscaba, se sintió tan contento que salió corriendo desnudo por las calles gritando "¡Eureka!" (¡Lo encontré!).

Esta historia es el clásico ejemplo de la imagen romántica del inventor o creativo solitario a quién la inspiración le llega en un momento de epifanía, la cual se encuentra tan arraigada en nuestro imaginario colectivo.

---

[4] Leonardo, Portrait of a Master. Bruno Nardini. 1999. Giunti Editore

Sin embargo, en su libro "De Dónde Vienen Las Buenas Ideas: la Historia Natural de la Innovación", Steven Johnson[5] se propuso un ejercicio para evaluar lo que tenían en común 200 de las más importantes innovaciones de la humanidad en los últimos 600 años, ubicando cada una en los siguientes cuadrantes:

|  | Individual | Colectiva |
|---|---|---|
| Privada | 1 | 2 |
| Abierta | 3 | 4 |

Johnson encontró que durante el periodo de 1,400 a 1,600 el cuadrante con mayor innovaciones fue el número 3 (Individual y Abierto), lo cual es coherente con la idea renacentista de los genios artistas como Leonardo, y con la dificultad que existía para comunicar y difundir las ideas en la época.

En el siguiente periodo, de 1,600 a 1,800, incluso con los albores del capitalismo y la creación de las leyes de patentes, los cuadrantes con mayores innovaciones fueron el 3 y 4.

Es decir, a pesar de que la literatura y los medios se han empeñado en difundir la idea del genio y emprendedor solitario, en realidad la mayoría

---

[5] Where Good Ideas Come From: The Natural History of Innovation. Steven Johnson, 2010. Penguin

de las grandes invenciones de la revolución industrial fueron iteraciones y mejoras desarrolladas por muchas personas en el transcurso de varias décadas.

En los últimos 200 años, el cuarto cuadrante (Innovación Colectiva y Abierta)  ha sido el escenario de la mayor cantidad de aportes a la innovación en forma de plataformas construidas de forma colectiva que soportan la creatividad de los individuos que hacen parte de la misma red. Esto ha sido posible gracias a la facilidad con la que circulan las ideas en la era de la información, los costos de crear barreras al intercambio de ideas son ahora mayores que los costos de compartirlas.

Aún así, actualmente todavía existen paradigmas culturales al interior de las empresas que reducen las posibilidades de generar innovación: la falta de un proceso estructurado, recursos poco preparados, paradigmas culturales, dudas respecto al retorno en la inversión y resistencia al cambio al interior de las empresas.

¿Cómo se puede entonces generar un ecosistema propicio y sostenible para la innovación, a partir de la cultura y la colaboración?

## 1.2. Patrones de Innovación

Además de revisar los avances tecnológicos de los últimos 600 años, Johnson también comparó los atributos que tienen diferentes ecosistemas de innovación a nivel social, como las ciudades, y a nivel biológico, como los arrecifes de coral.

De éste análisis se desprenden los 7 patrones de innovación que se resumen a continuación y que pueden aplicarse a cualquier ecosistema o iniciativa de innovación:

## 1.2.1 Adyacencias Posibles

Una situación recurrente en la historia de la innovación es que cuando todas las condiciones están dadas, múltiples personas parecen tener la misma idea en al mismo tiempo. Un clásico ejemplo es la invención del Teléfono, cuya patente fue disputada por Alexander Bell y por Marconi, pero que en realidad fue un desarrollo tras el que se encontraban muchos innovadores de la época alrededor del mundo.

Entre más se expande la frontera del conocimiento o el estado del arte, la vigilancia tecnológica permite identificar macro-tendencias de lo que va a ser posible desarrollar a continuación. Ese universo de nuevas oportunidades es lo que se conoce como Adyacencias Posibles.

Así mismo, esto permite entender que estamos continuamente "caminando en hombros de gigantes", un nuevo avance solo es posible gracias a que podemos inspirarnos, reciclar o expander las contribuciones o el trabajo previo de otros innovadores.

## 1.2.2 Redes Líquidas

En una "Red Líquida", como el caldo primario donde se originó la vida en la tierra, varios componentes básicos se pueden recombinar entre sí para formar nuevas estructuras, con la ayuda de agentes conectores y catalizadores. Por el contrario, los entornos que construyen paredes alrededor de las buenas ideas tienden a ser menos innovadores en el largo plazo que aquellos de fronteras más abiertas.

Dos ejemplos de cómo las redes líquidas le han dado forma a importantes entornos de innovación los encontramos en dos momentos históricos importantes: Durante el renacimiento, los talleres de los maestros en Florencia y Milán eran el punto de encuentro de diferentes artistas y científicos, en donde interactuaban y aprendían los unos de los otros.

Así mismo, en la época de la ilustración en Oxford, Inglaterra, las Cafeterías o Coffee Houses se volvieron el punto de encuentro de una generación que se reunía para tratar temas de toda índole, desde política, hasta literatura y ciencia, lo cuál desencadenó en la creación de la afamada Real Sociedad de Ciencias (Royal Society)[6].

### 1.2.3 Corazonada Lenta

Muchas ideas empiezan como un concepto difuso en la mente de una persona, una corazonada que puede permanecer latente por años, acumulando nuevas conexiones y ganando fuerza, hasta que se van completando, bien sea porque se asocia con nueva información, o se combina con la corazonada de otras personas. Los innovadores necesitan sistemas para capturar, continuar y conectar esas corazonadas para que no se queden aisladas y puedan concretarse en algún momento. Deben superar el miedo a contar sus ideas y compartirlas con otros innovadores .

### 1.2.4 Serendipia

La palabra Serendipia viene de la historia de los 3 príncipes de Serendipia[7], y se usa para describir cómo a veces se emprende la búsqueda de una

---

[6] A history of the Coffee-Houses, Martin Secker and Warburg, London, 1956. [https://en.wikipedia.org/wiki/English_coffeehouses_in_the_17th_and_18th_centuries http://www.chm.bris.ac.uk/webprojects2001/tilling/oxfordcoffeeclub.htm]

[7] Los Tres Príncipes de Serendipia [https://en.wikipedia.org/wiki/The_Three_Princes_of_Serendip]

cosa, pero en el camino a veces se encuentra algo completamente diferente, que al final resulta ser aún mejor.

A veces, para que una corazonada logre concretarse en una idea innovadora, o para expandir el universo de las adyacencias posibles, debemos estar abiertos a seguir caminos inesperados.

### 1.2.5 Error

Hay que recordar que Edison dijo "no fallé mil veces antes de dar con la bombilla correcta, sino que encontré mil formas de cómo No hacer una bombilla". Y el exitoso "Modelo T" de Ford, fue el resultado de haber intentado primero el modelo A, B, C, etc. hasta la letra T.

La sociedad está acostumbrada a condenar el fallo y el error, pero éste es una increíble fuente de aprendizaje. Cuando se falla, nos vemos forzados a retar nuestras suposiciones, encontrar caminos diferentes y expandir las adyacencias posibles. Las mejores ideas vienen de entornos donde la experimentación y la velocidad con la que se aprende de los errores es la medida del éxito de los proyectos.

### 1.2.6 Exaptación

La exaptación es un concepto de la biología que explica cómo una estructura de un organismo que fue adaptado y perfeccionado para una función, es posteriormente adaptado para otro uso completamente diferente. Por ejemplo, las plumas desarrolladas por los dinosaurios eran originalmente para proteger del frío, y luego evolucionaron para ayudar con el planeo en el vuelo de las aves modernas.

En términos de innovación, esto puede entenderse como aplicar en nuestro negocio un patrón o una tecnología que ya funciona en otra industria diferente.

### 1.2.7 Plataformas

Las plataformas son una forma tangible del estado del arte de la innovación, son compendios o pilares que cuentan con las piezas clave que se necesitan para crear nuevos desarrollos sin tener que empezar desde cero cada vez.

De igual manera, una plataforma es el entorno perfecto donde se mantienen y circulan corazonadas de nuevas ideas, el desarrollo de una sinfonía sólo es posible gracias a que ya existe un sistema de notación musical que sirve de plataforma para los compositores que crean y para los músicos que interpretan.

¿Cómo llevar a la práctica estos patrones? En la comunidad OpenDistillery hemos implementado los 7 patrones de innovación de Jhonson y los hemos combinado con el concepto de Innovación Abierta.

## 1.3. Cultura de Innovación Abierta

Según Henry Chesbrough, la Innovación abierta "es una nueva estrategia de innovación bajo la cual las empresas van más allá de los límites internos de su organización y donde la cooperación con profesionales externos u otras empresas pasa a tener un papel fundamental dentro de su proceso"[8].

---

[8] Henry Chesbrough, Wim Vanhaverbeke and Joel West, eds., Open Innovation: Researching a New Paradigm, Oxford University Press, 2006.

La innovación abierta es una herramienta que nos permite hacer un puente entre los recursos internos y externos y actuar sobre las oportunidades resultantes en el proceso.

Sin embargo, "El concepto de innovación abierta no está escrito en piedra y cambia para acomodarse a lo que la empresa necesita". – Stefan Lindegaard[9].

El hecho de no hacer todas las cosas por uno mismo no implica que carezcan de sentido o de valor, por el contrario apoyarnos en personas o equipos pueden producir resultados extraordinarios por la complementariedad y catapultar en resultados mucho mejores de los imaginados.

Las empresas que hoy tienen procesos de innovación en nuestros países lo hacen en un alto porcentaje bajo el concepto de innovación cerrada, es decir el problema/oportunidad lo identifica la empresa, las ideas para solucionarlo, el desarrollo de la idea y pruebas las hace la empresa misma y finalmente la innovación la aprueba o la descarta los mismos directivos de la empresa. Esto ha tenido buenos resultados, pero puede convertirse en una estrategia poco sostenible en el tiempo debido a la velocidad como se mueve el mercado, pues es un proceso muy lento y por ende muy costoso y peligroso para mantener la competitividad.

Una de las ventajas de adoptar la innovación abierta, es que ésta reduce tiempo de salida al mercado y costes en el proceso, a la vez que se capturan soluciones e ideas innovadoras que nunca hubieran sido

---

[9] 7 Steps for Open Innovation. Stefan Lindergaard. 2015

desarrolladas en la empresa debido a la falta de tiempo, metodologías, conocimientos y/o medios tecnológicos.

Stefan Lindegaard propone 7 pasos clave para la construcción de una cultura exitosa de innovación abierta. Éstos son:

## 1.3.1 Lenguaje Común

Construir un lenguaje común nos permite estar alineados, eliminar las ambigüedades y facilitar la relación entre colaboradores y el trabajo en equipo. "Es necesario hablar el mismo idioma, si usted quiere tener grupos de interés internos y externos a bordo. Esto comienza con un acuerdo claro sobre cómo la innovación - tanto interna como externa – se ajusta a la situación específica de su empresa"[10].

## 1.3.2 Activos y Necesidades

Identificar los activos y necesidades ocultas de la organización:

- *Activos estratégicos:* habilidades y/o competencias, procesos, tecnologías, habilidades únicas, difíciles de imitar y que diferencian a la organización de sus competidores.
- *Activos Ocultos:* negocios subvalorados, inexplorados, subutilizados o desconocidos, que servirán de plataforma a nuevas fuentes de crecimiento rentable y sostenible. Un activo oculto es algo que la empresa ya posee, pero cuyo valor, propiedades o potencial no ha apreciado o descubierto por completo.
- *Necesidades:* requerimientos puntuales o vacíos identificados (en procesos, infraestructura, personal) que no nos permiten crear el

---

[10] Ídem.

valor deseado o que nos impiden maximizar el que estamos creando.

### 1.3.3 Grupos de interés y Canales

Los grupos de interés son una parte importante de toda empresa, la mayoría de ellas tienen como mínimo 8 perfiles con los cuales se relaciona: propietarios, inversionistas, empleados, el gobierno, proveedores, aliados, clientes y la comunidad.

De igual forma es bueno aclarar que al momento de empezar a trabajar en innovación abierta y buscando que ésta tenga un desempeño superior, el trabajo conjunto con estos grupos de interés no deben exceder los 3 de forma simultánea.

### 1.3.4 Empezar desde adentro

La innovación abierta es una invitación para que nuestros grupos de interés en conjunto con nuestra organización generen nuevas formas de ingreso, nuevas unidades de negocio, nuevos productos, etc. Pero no podemos traer a nuestra organización invitados y esperar generar grandes resultados si nuestra casa no está en orden.

Es por eso que antes de empezar a trabajar con el ecosistema externo debemos organizar nuestra operación y nuestro proceso interno de innovación: tener claro los retos internos de innovación, mecanismo de colaboración entre áreas y proyectos conjuntos.

### 1.3.5 Alistar el Ecosistema

Educar a los demás actores de la industria, mantenerlos al tanto e involucrarlos para que experimenten con nosotros. Y en paralelo, encontrar nuevos socios que estén listos para la innovación abierta, por fuera de la industria.

"Hay una serie de elementos que son fundamentales en la construcción de una relación exitosa para la innovación, pero la clave es ser para todo el mundo el socio que están buscando". – Chris Thoen, P&G[11].

### 1.3.6 Nuevas habilidades y formas de pensar

Las organizaciones que tienen un tiempo superior a los 10 años de funcionamiento empiezan a generar vicios o formas de hacer las cosas que son muy difíciles de cambiar.

Cuando empezamos a crear una cultura de innovación abierta, es muy importante fomentar en nuestros empleados e incluso nuestros socios nuevas habilidades y formas de pensar:

- Punto de vista Holístico
- Habilidades Intraemprendedoras
- Optimismo, pasión y empuje
- Habilidad para manejar conflictos
- Curiosidad y creer en el cambio
- Tolerancia/habilidad para manejar la incertidumbre
- Aprender rápido
- Colaboración y redes de contactos
- Habilidades de comunicación

### 1.3.7 Comunicación

La comunicación entra a ser parte de primordial en el proceso de creación de cultura, y en la relación con los grupos de interés, empleados y socios.

[11] Ídem

Cuando abordamos el cambio de cultura debemos hacer un énfasis fuerte en cómo estamos comunicando los cambios, éstos deben ser totalmente entendibles por el público al cual van dirigidos.

Si ya estamos en acción realizando procesos y proyectos de innovación abierta, nuestra comunicación con ellos debe ser muy clara en términos de propiedad intelectual, responsabilidades de cada equipo, qué se está buscando, etc. Y no incurrir en problemas legales o de resultados.

## 1.4. Caso de Estudio

Para entender cómo los patrones de innovación y una cultura de innovación abierta pueden generar experiencias de co-creación que conlleven a encontrar soluciones a retos empresariales, revisemos el siguiente caso:

Una empresa importante del sector eléctrico, decidió hacer público en OpenDistillery su reto de encontrar nuevos diseños de aisladores que pudieran mejorar la experiencia de su instalación en los tendidos de redes eléctricas.

Se realizó una investigación previa de Empatía, con visitas etnográficas e inmersión en campo a los sitios donde los instaladores realizan su trabajo.

Luego se realizó una convocatoria abierta a más de 40 solucionadores externos con afinidad y experiencia en el tema para aportar a la solución.

Durante el taller de co-creación, se conformaron equipos que luego de seguir todo el proceso, pudieron exponer ante un panel de expertos para pre-seleccionar las 4 soluciones a ser incubadas durante dos semanas.

Finalmente se eligió al equipo con la solución más viable, haciéndose acreedor de un incentivo económico, y se definieron los siguientes pasos para llevar la solución a la realidad, que luego se llevó a diseño de detalle para producción, generando valor y diferenciación para la empresa retadora.

Es así como en la comunidad de OpenDistillery, utilizamos la metodología de Innovación Destilada para identificar retos en las empresas e invitar a grupos de solucionadores externos para resolverlos de forma colectiva.

## Reflexiones y Tareas

1.      Regístrate en OpenDistillery.co y Firma el manifiesto de co-creación para empezar a  practicar lo aprendido en este libro y aprender más junto a toda la comunidad de solucionadores.

2.      Busca el Reto Distilled ("Cómo podemos mejorar la calidad de vida de las personas a través de la innovación") y escribe una idea en la fase de empatía donde respondas en máximo 500 palabras a las siguientes preguntas:

•       ¿Qué es innovación para ti?

•       ¿Por qué quieres innovar?

•       ¿Cómo crees que la innovación puede mejorar la calidad de vida de las personas?

# CAPÍTULO 2: METODOLOGÍA

## Objetivos de Aprendizaje

• Conocer los orígenes del Design-Thinking o Pensamiento del Diseño y su aplicación en el desarrollo de modelos de negocios
• Conocer las diferentes fases del proceso de Innovación Destilada inspirada en Design-Thinking y Lean Startup

## 2.1. Design-Thinking

Por lo general se tiene una concepción del Diseño muy centrada en el valor estético que proporciona a los productos. Sin embargo, en los últimos años se ha venido entendiendo al Diseño de una manera más global, tal como lo explica Buchanan con sus cuatro órdenes del diseño, se ha pasado del diseño gráfico, al diseño industrial, pasando por el diseño de interacción hasta llegar al diseño de sistemas complejos (ver diagrama de la siguiente página).

Pero, ¿qué es El Diseño? viene del latín "Designare": "dar un sentido", y aunque no hay una definición estandarizada, se sabe que reúne todas aquellas acciones que se llevan a cabo para simplificar necesidades complejas de los usuarios, mejorar un producto y dotarlo de un significado especial.

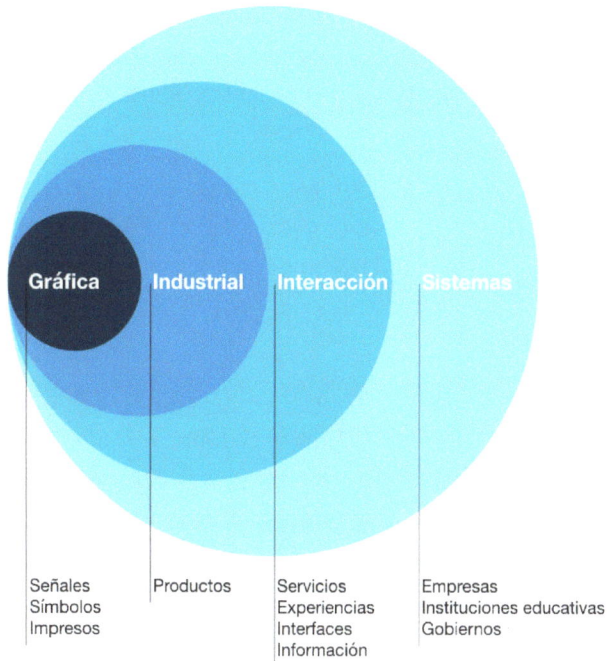

Gráfica   Industrial   Interacción   Sistemas

Señales       Productos      Servicios       Empresas
Símbolos                     Experiencias    Instituciones educativas
Impresos                     Interfaces      Gobiernos
                             Información

En palabras de Richard Grefé, CEO de AIGA, "inicialmente, durante los siglos XVIII y XIX, el diseño se trataba solo acerca de la forma. Luego pasó a ser sobre la forma y el contenido, es decir que el diseñador se hacía responsable tanto del mensaje como de la forma en que se entregaba, pero ahora se trata sobre cómo el diseño puede lidiar con un problema, considerando la forma, más el contenido, más el contexto en que las personas tienen que interactuar con la solución a través del tiempo"[12].

---

[12]Design-Thinking. Documental dirigido por Mu-Ming Tsai. 2011 http://www.designthinkingmovie.com

Realmente, no sólo se diseña el producto o el servicio. Se diseña la experiencia con el mismo, la forma en que se adquiere, la experiencia posventa y hasta la organización que lo respalda. Después de todo somos humanos, pasamos nuestras vidas buscando sentido.

Por tal razón, el diseño y la utilidad del producto resultan cada vez más inseparables, forzando a que el diseño se deba incorporar en etapas más tempranas de un proyecto y deba permanecer como un frente de interés durante toda la ejecución del mismo.

Si bien el estudio de la importancia del diseño para el proceso creativo se ha venido discutiendo en el mundo académico desde los años 1960's, fue realmente en la escuela de diseño de Stanford y en la agencia IDEO donde se empezó a hablar de su importancia para la innovación en los negocios, dando a conocer el término "Pensamiento de Diseño" - Design-Thinking.

Tim Brown, CEO de IDEO, define el Pensamiento de Diseño como "la aplicación de las metodologías y aproximaciones del diseño y de los diseñadores a un conjunto más amplio de asuntos y problemas en los negocios y en la sociedad"[13].

En las últimas décadas, las herramientas del campo del Diseño han permitido entender a los clientes en un nivel emocional para validar el potencial de las ideas y destilarlas a través de un proceso de innovación que nos permita construir modelos de negocio sostenibles, rentables y escalables.

Luego de utilizar el Design-Thinking en varias empresas e industrias, IDEO tomó la iniciativa de usar estas metodologías para resolver retos de tipo

---

[13] Design-Thinking. Documentary Film directed by Mu-Ming Tsai

social a través de su fundación sin ánimo de lucro, IDEO.org, extendiendo la metodología hacia el HCD - Human Centered Design, Diseño centrado en Humanos, o Innovación Centrada en las Personas, que mezcla el Pensamiento del Diseño con el concepto de co-creación e innovación social.

Orígenes del Design Thinking

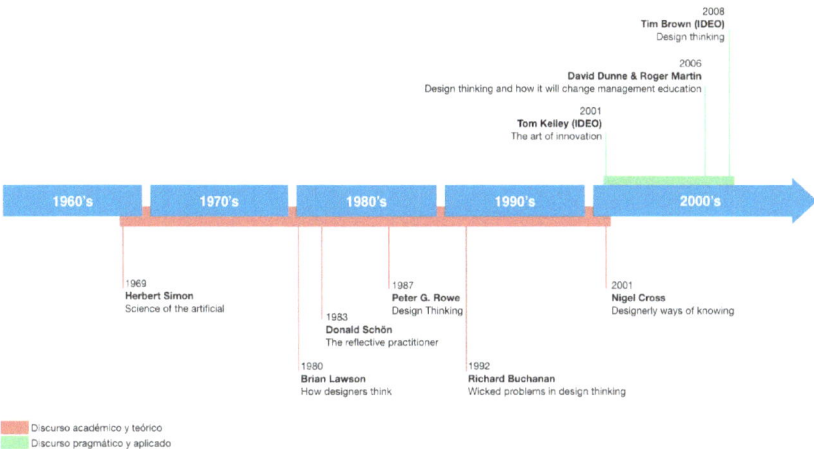

| | | | | | |
|---|---|---|---|---|---|
| 1960's | 1970's | 1980's | 1990's | 2000's | |

2008
Tim Brown (IDEO)
Design thinking

2006
David Dunne & Roger Martin
Design thinking and how it will change management education

2001
Tom Kelley (IDEO)
The art of innovation

1969
Herbert Simon
Science of the artificial

1983
Donald Schön
The reflective practitioner

1987
Peter G. Rowe
Design Thinking

2001
Nigel Cross
Designerly ways of knowing

1980
Brian Lawson
How designers think

1992
Richard Buchanan
Wicked problems in design thinking

Discurso académico y teórico
Discurso pragmático y aplicado

Historia del Design-Thinking, adaptado de Hasso & Laaksi (2011) [14]

Es así cómo la innovación alcanza su punto máximo cuando surge de y para las personas. La innovación centrada en las personas se hace fundamental para cualquier organización que desee seguir siendo relevante en los tiempos modernos. Esta práctica nos permite entender a nuestros consumidores, identificar oportunidades y problemas no resueltos para diseñar productos y servicios que generen valor y nos permitan capturarlo.

---

[14] Hasso & Laaksi (2011).
[http://www.mindspace.fi/wp-content/uploads/2013/12/HassiLaakso_2011_IPDMC.pdf]

## 2.2. Lean Startup

Si el Design-Thinking busca entender al cliente en un nivel emocional, Lean Startup, por el contrario, es un método científico de experimentación y aprendizaje repetible.

Antes de que Alexander Osterwalder introdujera el Lienzo de Modelo de Negocio[15], tanto empresas como emprendedores se encontraban limitados por el rígido paradigma de la teoría de Taylor de administración de empresas, donde la jerarquía funcional, la información cuantitativa, el Plan de Negocios y la gerencia de proyectos eran la carta de navegación para ejecutar cualquier modelo de negocio, nuevo o existente.

Sin embargo, Osterwalder propuso un tablero dinámico, donde el modelo de negocio está compuesto por 9 bloques que se interrelacionan entre sí y donde los administradores pueden analizar y diseñar variaciones al modelo con libertad. Casi a la par, Steve Blank[16] y Eric Ries[17] complementaron este nuevo cuerpo de herramientas con la introducción de la experimentación y validación temprana de emprendimientos conocido como Lean Startup.

---

[15] Business Model Generation. Osterwalder. John Wiley and Sons. 2010

[16] The Startup Owner's Manual: The Step-by-Step Guide for Building a Great Company. Steve Blank and Bob Dorf. 2012. K&S Ranch Publishing Division

[17] The Lean Startup. Eric Ries. 2011. Crown Publishing Group

La principal razón detrás del nacimiento de Lean Startup fue tratar de abstraer y recoger las mejores prácticas de cómo habían nacido y crecido las compañías de tecnología más exitosas del Silicon Valley.

El principal reto era cómo poder validar rápidamente si un producto era el indicado, en una época donde la gran mayoría de emprendedores se enfocaban en realizar presentaciones de planes de negocio ante inversionistas para obtener capital de trabajo con qué desarrollar un producto, y que luego de meses o incluso años de trabajo, cuando finalmente era lanzado al mercado, se encontraban con que era algo que nadie quería o necesitaba.

Lean Startup es un método científico de experimentación y aprendizaje repetible para conocer y validar quienes son los clientes, qué es lo que quieren, cómo entregar esa propuesta de valor y cómo generar ganancias en el camino. La palabra "Lean" significa liviano, ligero, y la palabra "Startup" se ha popularizado como un término para referirse a emprendimientos de tecnología de gran potencial y crecimiento acelerado.

Pero Steve Blank define además una Startup como "una organización temporal diseñada para buscar un modelo de negocios repetible y escalable"[18]. Blank afirma que el principal objetivo de una Startup es validar sus hipótesis de modelo de negocio, iterando o pivotando hasta lograrlo o invalidarlo.

---

[18]Steve Blank, 2010. What is A Startup?.
[http://steveblank.com/2010/01/25/whats-a-startup-first-principles/]

Una vez se valida el modelo de negocio, éste deja de ser una startup y se convierte en una empresa con el objetivo de ejecutar y operar ese modelo de negocio[19].

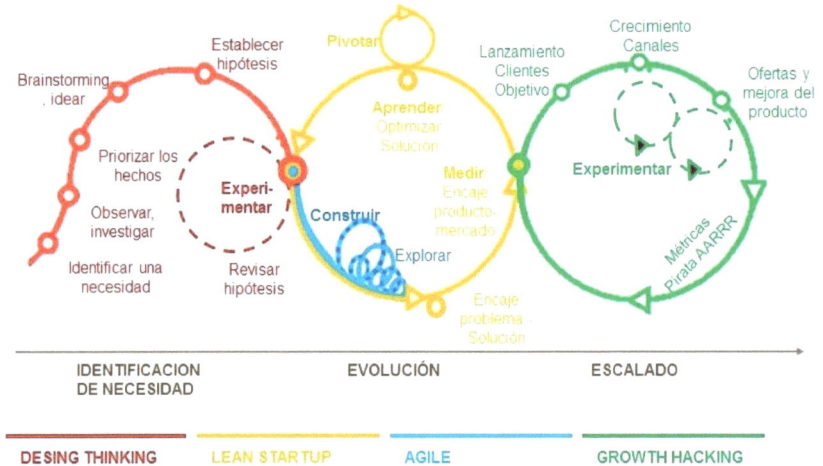

- Design-Thinking ayuda a descubrir los clientes y su contexto (Encaje Problema-Solución)
- Lean Startup ayuda a descubrir si hay un problema, oportunidad o necesidad que valga la pena resolver y una solución eficiente para el mismo (Encaje Producto-Mercado)

El éxito del concepto de Lean startup originó que autores como Ash Maurya trataran de adaptar el Lienzo de Modelo de Negocio a los emprendimientos y las primeras fases de validación de la propuesta de

---

[19] Steve Blank. 2012. Search vs Excecute. [http://steveblank.com/2012/03/05/search-versus-execute/]

valor, creando variaciones como el *Lean Canvas*[20], lo cual a su vez ocasionó una revisión por parte de Osterwalder de su libro *Business Model Generation*, viendo la necesidad de cubrir este tema en un nuevo libro: Diseño de Propuestas de Valor (*Value Proposition Design*)[21].

El Diseño de Propuestas de Valor descubre cómo agregar y capturar valor. Es un Zoom dentro de los bloques de Segmento de Cliente y Propuesta de Valor del lienzo de modelo de negocios (Ver Anexos).

Para hacer este zoom, Osterwalder diseñó un nuevo Lienzo de Propuesta de Valor (Value Proposition Canvas) que combina el Perfil del Cliente con el Mapa de Valor. El Lienzo de Propuesta de Valor permite así describir las hipótesis respecto a las necesidades de los clientes y relacionarlos con las características que deben tener los productos y servicios para solucionarlos.

## 2.3. Innovación Destilada

En la antigüedad clásica y el renacimiento, los sabios eran a la vez filósofos, matemáticos, arquitectos, músicos, pintores y alquimistas. Solo en las últimas décadas, cuando se han dado diferentes esfuerzos para estudiar el proceso de creativo[22], es que ha resultado evidente que fue el modelo

---

[20]Ash Maurya. Why Lean Canvas vs Business Model Canvas?. Feb 27 2012
[http://leanstack.com/why-lean-canvas/]

[21] Achieve Product-Market Fit with our Brand-New Value Proposition Designer Canvas.
[http://businessmodelalchemist.com/blog/2012/08/achieve-product-market-fit-with-our-brand-new-value-proposition-designer.html ]

[22] Pensamiento Lateral (Edward de Bono, 1967), Múltiples inteligencias (1983, Howard Gardner ), entre otros.

educativo de la era industrial lo que nos llevó a especializarnos y encasillarnos en un solo campo profesional. Pero estamos ahora en un nuevo renacimiento, un nuevo encuentro entre Arte y Ciencia, en el que cualquier persona puede ser creativa si tiene la confianza en utilizar y desarrollar todo el potencial de su cerebro.

En Distilled Innovation, hemos diseñado una metodología que combina diferentes herramientas y nuestra experiencia colectiva de más de 20 años trabajando con diferentes sectores e industrias para acercar más la innovación a las personas y las personas a las empresas. Es una metodología de referencia, no una camisa de fuerza, para facilitar procesos de innovación tanto abiertos como privados.

La metodología de Innovación Destilada está inspirada en los métodos y herramientas de Design-Thinking, Lean Startup y Value Proposition Design y se encuentra enmarcada en 3 fases: Validar, Innovar y Escalar.

En muchos proyectos tenemos la tendencia a empezar directamente desde el problema a la etapa de Idear soluciones, pero este proceso busca que nos detengamos un momento a preguntarnos: ¿realmente éste es el problema? por qué? y a partir de esa reflexión, generar mejores oportunidades para encontrar una solución.

En el diagrama a continuación, las fases del proceso forman dos diamantes o embudos, indicando así cuando una fase diverge (generando o analizando mucha información), o cuando converge (sintetizando o resumiendo información)[23]:

---

[23] The Design Council. The Design Process: What is the Double Diamond?
[http://www.designcouncil.org.uk/news-opinion/design-process-what-double-diamond]

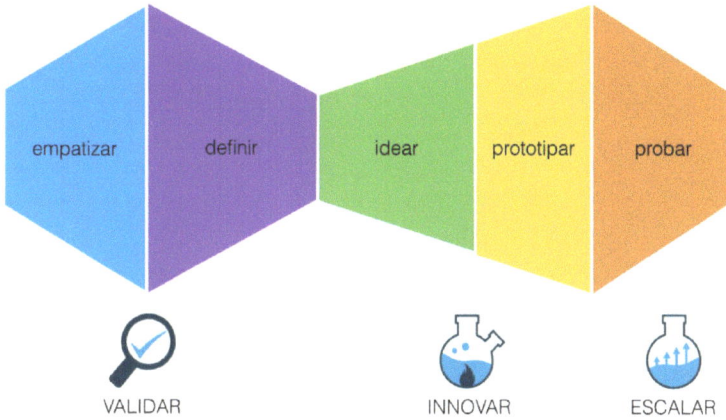

empatizar | definir | idear | prototipar | probar

VALIDAR | INNOVAR | ESCALAR

El proceso inicia sumergiéndose en el contexto del reto, generando empatía y convergiendo en una re-definición del mismo, luego diverge en producir la mayor cantidad de ideas, para finalizar convergiendo de nuevo en seleccionar un solo concepto fuerte de solución para prototipar y evaluar.

## 2.3.1 Validar

En la fase de validación, se lleva a cabo una investigación de mercado que permite generar empatía con las personas que padecen el problema y definir el mismo en forma de reto.

Quizá la parte más importante de todo el proceso sea la de generar empatía con el problema. Esto nos permite entender por qué y cómo afecta al usuario, además empieza a generar confianza entre las partes al acercarnos con el deseo de entender su entorno, sus emociones y su comportamiento.

En la etapa de definición se debe hacer énfasis en transmitir los hallazgos e historias al resto del equipo. El análisis de toda la información recogida creará una atmósfera de convergencia en la que el equipo interiorizará la empatía generada en torno al problema, sintetizando un reto – a manera de pregunta – que motive al equipo a encontrar una respuesta.

## 2.3.2 Innovar

En esta fase, se lanza el reto de forma abierta a la comunidad o grupos de interés y se invita a trabajar en él a través de herramientas como Design Thinking y Lean Startup. Es durante esta fase donde se conecta a las organizaciones con la comunidad y se empiezan a generar soluciones.

En la primera etapa, ideación, volveremos a un entorno divergente en el que se debe velar por una postura de cero censura y fomentar la generación de la mayor cantidad de ideas posibles, fácilmente visualizables y ambiciosas. En este proceso se hace necesario contar con un facilitador imparcial que garantice que todo el equipo aporte ideas y que todas estas sean escuchadas.

El paso siguiente será el de catalogar las ideas, empaquetarlas de acuerdo a su similitud y construir conceptos más fuertes. Una vez el equipo haya logrado construir conceptos, se seleccionará el más viable como una concepto fuerte de solución en el que se trabajará en adelante.

Esto nos lleva a la etapa convergente de prototipado, en donde se desarrolla el concepto de solución teniendo como punto de partida la forma en que éste responde a la pregunta en el reto y sin perder de vista al cliente (usuario final) como centro del proceso.

Durante la etapa de prototipado es recomendable usar herramientas gráficas que nos permitan evaluar escenarios y responder a los cómos: ¿Cómo interactuará el usuario con la solución? ¿Cómo accederá a ella? Etc.

### 2.3.3 Escalar

En esta fase, el equipo trabaja con las soluciones más viables para desarrollar sus ideas, construir un modelo de negocio, implementar una prueba piloto y probarla en el mercado. Iterando hasta hallar el encaje final entre producto y mercado.

Al final de cada fase, basado en el cumplimiento o no de las métricas definidas, se puede tomar la decisión de volver a iniciar el ciclo e iterar hasta lograr validar y escalar el modelo.

A lo largo del libro vamos a entrar en los detalles de cada etapa para validar el potencial de nuestras ideas y destilarlas a través de un proceso de innovación que nos permita construir modelos de negocio sostenibles, rentables y escalables.

## Reflexiones y Tareas

1.      Observa los siguientes videos sobre casos de éxito de Design-Thinking y reflexiona sobre cuáles fases del proceso emplearon en cada caso:
*       [video]                    IDEO's                Shopping                Car: https://www.youtube.com/watch?v=2Dtrkrz0yoU
*       [video] Pittsburg Chidrens Hosptial Makes Visits Fun for Kids: https://www.youtube.com/watch?t=293&v=hnSPmcZjEqs
*       Caso                                                            LEGO: http://m.huffpost.com/us/entry/55d72809e4b020c386de52bd

- Caso AirBNB: http://www.centrodeinnovacionbbva.com/noticias/airbnb-un-caso-de-exito-de-design-thinking

# CAPÍTULO 3: EQUIPOS DESTILADORES DE INNOVACIÓN

## Objetivos de Aprendizaje

• Adquirir herramientas para la construcción de un equipo Innovador y efectivo
• Aplicar herramientas para identificar el propósito personal y el propósito común de un equipo.

## 3.1. Propósito Personal

¿Eres de los que quiere ir más rápido o de los que quiere llegar más lejos? Contar con un equipo nos permitirá conseguir los resultados esperados, y si puede que al principio tome más tiempo conseguirlo pero una vez se ha conformado, puede ser la diferencia entre el éxito y el fracaso. Recordemos que una idea la puede tener cualquiera, un equipo pocos.

En esta sección del libro de Innovación Destilada, antes de lanzarnos a vivir el proceso de Innovación aplicaremos herramientas que nos permitan identificar el propósito personal y el propósito común y características de un equipo Innovador y efectivo.

---

**Herramientas Aplicables:**

- Modelo de Negocio Personal
- Línea de Tiempo
- Círculo Dorado

---

## 3.1.1. Línea de tiempo

El primer punto es conocernos, ¿qué es eso que nos ha hecho felices en los momentos más productivos de nuestra vida? (Ver Anexo I.1).

Para realizar esta linea de tiempo, piensa en toda tu vida hasta el día de hoy e identifica qué puntos altos has tenido y que puntos bajos. Por ejemplo, recuerda cuando eras niño, ¿Qué te encantaba hacer?, ¿Cuáles eran tus pasatiempos favoritos? cuáles son las tareas que te han traído menos satisfacción?

Luego reflexiona sobre cómo fue tu camino hasta hoy y que tan importante fueron esos puntos para convertirte en quien eres hoy.

## 3.1.2. Círculo Dorado

Podrás tener claro el ¿Por qué? ¿Cómo? y ¿Que? de tu proyecto de innovación.

Cuando le preguntas a la mayoría de las personas a qué se dedica, generalmente responden diciendo qué es lo que hacen y cómo lo hacen, pero casi nadie se concentra en comunicar el *Por qué* lo hace.

Por el contrario, los grandes líderes tienen una forma diferente de comunicarse. Ellos inician hablando del porqué hacen lo que hacen. esto le permite a las personas que lo escuchan, poder identificarse y entender sus motivaciones, generando empatía y apoyo a su causa.

La herramienta conocida como el Círculo Dorado, de Simon Sinek[24], nos permitirá identificar el equipo de personas que necesitamos en el equipo, y se divide en tres partes:

1.  ¿Por qué estamos haciendo ésto?
2.  ¿Cómo nos diferenciamos de los demás al hacerlo?
3.  ¿Qué acciones debemos realizar para lograrlo?

---

[24] Simon Sinek: How great leaders inspire action.
[http://www.ted.com/talks/simon_sinek_how_great_leaders_inspire_action]

### 3.1.3. Modelo de Negocio Personal

Inspirado en el Lienzo de Modelo de Negocios, Tim Clark[25] decidió realizar una variante aplicada al análisis del modelo de negocios de una persona, el cuál puedes aplicar para adaptar y reinventar tu trayectoria profesional (Ver Anexo I.2).

## 3.2. Alineando el Equipo

Lo siguiente es pasar del ámbito personal al de encontrar y alinear a un equipo, identificando los perfiles que necesitamos y cómo gestar un ambiente sano de trabajo en equipo.

Una vez se tienen clara las motivaciones para llevar a cabo el proyecto de innovación, es el momento para definir el lenguaje común, valores y MEGA (Meta Grande y Ambiciosa) del Equipo de Destiladores de Innovación que no solo sea efectivo sino que además genere los resultados esperados.

El siguiente paso debe ser identificar cuales son los perfiles que necesitas en tu equipo de Destiladores de Innovación, y entender que hay que trabajar en equipo en el proceso de innovación para alcanzar mejores resultados.

## Reflexiones y Tareas

1.    Ahora es el momento de poner en práctica todo lo aprendido, descarga el instructivo paso a paso y aplica las 3 herramientas necesarias para conformar un equipo de destiladores de innovación.

---

[25] Business Model YOU, A One-Page Method for Reinventing Your Career. Tim Clark, in collaboration with Alexander Osterwalder and Yves Pigneur. 2012 John Wiley & Sons

2.    Si no cuentas con un equipo propio, también puedes utilizar la comunidad OpenDistilery para conectarte con otros innovadores:

● Publica tu propósito personal y/o MEGA de equipo en el Reto Distilled de OpenDistillery.co

● Si aún no lo has hecho, firma el Manifiesto de Innovación Abierta y Colaboración en OpenDistillery.co

# CAPÍTULO 4: IDENTIFICAR Y EMPATIZAR CON EL RETO

## Objetivos de Aprendizaje

● Adquirir herramientas para identificar el reto inicial que vamos a tratar a partir de diferentes fuentes

● Adquirir herramientas para generar empatía hacia los protagonistas del reto y su contexto

## 4.1. Validar

¿Alguna vez has invertido demasiado tiempo y esfuerzo para terminar con un producto (muy bueno en teoría), pero que en la práctica nadie quiere comprar?

En muchos proyectos tenemos la tendencia a empezar directamente desde el problema a la etapa de Idear soluciones, pero en esta sección del libro de Innovación Destilada nos detendremos un momento a preguntarnos: ¿realmente éste es el problema? ¿por qué? y a partir de esa reflexión, generar mejores oportunidades para encontrar una solución.

Recordemos en qué etapa del proceso nos encontramos: la Innovación Destilada inicia sumergiéndose en el contexto del reto, generando empatía y convergiendo en una re-definición del mismo, La fase de "Validar" busca identificar el reto inicial que vamos a tratar a partir de diferentes fuentes y aplicar herramientas para generar empatía hacia los protagonistas del reto y su contexto

¿Por qué en forma de Reto? Pensar en retos en lugar de sólo ver oportunidades problemas o necesidades, lleva la mente un paso más al preguntarse "cómo?" y empezar a generar ideas o por lo menos la disposición mental para buscar una respuesta a esa pregunta.

## 4.1.1. Identificación de Retos

Las fuentes de información para definir el reto inicial pueden ser muy variadas, como diagnósticos estratégicos previos, un boceto de la idea inicial o información técnica o de mercadeo con la que ya se cuenta.

Una herramienta muy práctica para hacer este análisis es el Lienzo de Modelo de Negocio de Alexander Osterwalder.

El lienzo de modelo de negocio es un tablero donde se puede describir fácilmente como una empresa crea, entrega y captura valor. Está dividido en 9 bloques y al evaluar cada uno de ellos podemos encontrar puntos de partida para el reto de innovación que estamos buscando.

El lienzo de modelo de negocio es la base de todo un conjunto de herramientas complementarias. Por ejemplo, para hacer un análisis externo a la organización, se puede hacer un zoom-out del Lienzo y realizar el mapa de la competencia, tendencias del mercado, y otras fuerzas del mercado.

De igual manera, se puede hacer un zoom-in en los bloques de propuesta de Valor y segmento de clientes, que se expanden en su propio lienzo independiente llamado Lienzo de Propuesta de Valor, del cuál también hablaremos más adelante.

**Herramientas Aplicables:**

- Modelo de Negocio
- Fuerzas del Mercado

Mientras más miembros de la organización conozcan de forma detallada el modelo de negocio, se van a poder generar y aprovechar más oportunidades, tanto hacia adentro como hacia afuera. Es preciso tener un lenguaje común fuerte y bien estructurado que les permita a todos los colaboradores tener el mismo norte.

A continuación encontraremos una serie de preguntas guía para identificar los puntos de partida para los retos de innovación del modelo de Negocio:

- ¿Cómo podemos crear valor a partir de una nueva tendencia tecnológica o cambio regulatorio?
- ¿Cómo podemos exaptar (imitar o adaptar una solución de otra industria a nuestro modelo de negocio)?
- ¿Cómo podemos desarrollar una propuesta de valor que los competidores no puedan copiar?
- ¿Cómo podemos adaptar nuestra propuesta de valor existente hacia mercados desatendidos o nuevos?
- ¿Cómo podemos adaptar el modelo de negocio a las nuevas tendencias macroeconómicas?
- ¿Con cuál de nuestros aliados podemos trabajar en conjunto para desarrollar una nueva propuesta de valor?
- ¿A partir de cuáles activos con los que contamos actualmente podemos apoyarnos?

*   ¿Cómo podemos disminuir los precios de forma dramática alterando la estructura de costos?
*   ¿Cómo generar una nueva propuesta de valor aprovechando las relaciones y canales de distribución existentes?
*   ¿Qué diferenciación podríamos lograr si reestructuramos la estrategia de precios?
*   ¿Cómo podemos crear una nueva propuesta de valor para los segmentos de cliente actuales?

Una vez definidos los posibles puntos de partida, se realiza una lista de retos, priorizando los que más interés generan en el equipo y dejando para otros horizontes los que resultan de menor urgencia/potencial.

Una vez se identifica el Problema/Necesidad/Oportunidad que se va a atacar, se debe escribir en forma de reto, de tal manera que permita generar un lenguaje común y motivar a los equipos solucionadores a encontrar respuestas/soluciones.

De acuerdo a la naturaleza y al alcance de los retos, se procede a definir el perfil ideal de solucionadores a quienes se abrirá el reto. Una vez se logra esto, podemos empezar a comunicar con éxito lo que necesitamos del exterior y lo que podemos ofrecer, resultando en relaciones que se fortalezcan desde la confianza, la co-creación y la innovación abierta.

## 4.1.2. Empatizar

Los problemas que tratamos de resolver a menudo no son los nuestros, son problemas de otras personas. Así que se debe definir quién va a ser la audiencia y los objetivos de la investigación de esta fase de Empatía. Entender su comportamiento y la forma en que toman decisiones, comprender el contexto en el que viven y en el que se desarrolla la problemática. Esto nos permite prepararnos para diseñar soluciones óptimas.

Existen muchas herramientas para adquirir empatía con la audiencia objetivo y su situación, entender por qué y cómo les afecta.

---

**Herramientas Aplicables:**

- Perfil de Usuario
- Entrevistas a Profundidad- Diario de Usuario
- Sesión Participativa- Collage
- Mapa Mental

---

La elección de las herramientas dependen de qué tan profundo se quiera conocer la experiencia actual de ese usuario: entrevistas a profundidad para lo que la gente dice. Observación etnográfica para lo que la gente hace o usa. Y sesiones participativas para conocer lo que la gente piensa, siente o sueña:

| Lo que las personas... | Técnicas | Conocimiento |
|---|---|---|
| Superficie | | |
| Dicen, piensan | Entrevistas | Explícito |
| Hacen, usan | Observación | Observable, tácito |
| Saben, sienten, sueñan | Técnicas generativas como la etnografía | Latente |
| Profundidades | | |

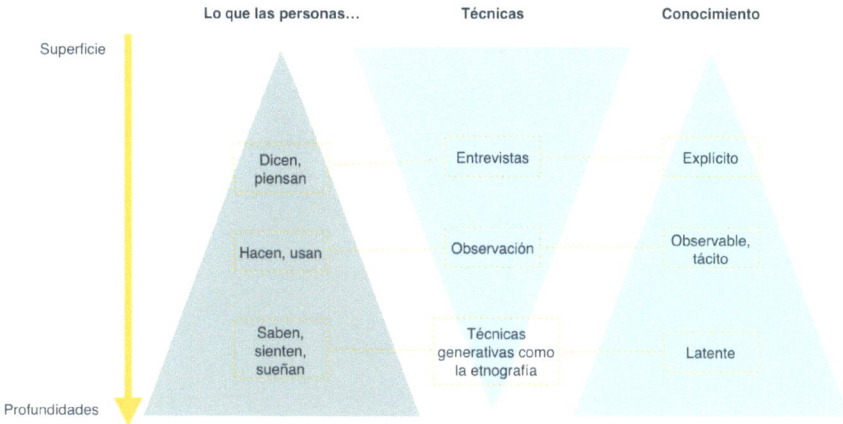

Elección de Herramientas de Empatía (Sleeswijk Visser et al., 2005)

Durante esta etapa se generan grandes cantidades de texto, fotografía y grabaciones de audio y video. Es vital analizar, clasificar y presentar la información que obtenemos de tal forma que se facilite identificar patrones y conexiones entre los datos, abstraer la información y sintetizarla de forma gráfica para que sea útil e inspiradora para las siguientes fases del proceso.

Por ejemplo, para una investigación de empatía de un reto propuesto por una empresa multilatina en el sector de belleza, se definió que el reto inicial era: "¿Cómo lograr que las mujeres usuarias de la marca consigan un maquillaje perfecto?".

Ya que la personalidad de la marca tenía un enfoque juvenil, la investigación se enfocó a un Perfil de Usuario con mujeres entre 17 y 24 años. Se utilizaron herramientas como Diario de Usuario y una sesión participativa para generar empatía y producir material gráfico de inspiración para las siguientes fases del diseño.

## Reflexiones y Tareas

1.     Es momento de formular tu propio Reto en la comunidad OpenDistillery o unirte a los retos activos:

●      Aplica una o varias de las herramientas de empatía anexas

●      Publica los resultados como ideas en la fase de empatía del Reto en la comunidad OpenDistillery

# CAPÍTULO 5: RE-DEFINIR EL RETO

## Objetivos de Aprendizaje

• Adquirir herramientas para re-definir el reto de manera tal que el equipo innovador lo entienda y perciba la forma en que afecta a quienes lo padecen.

## 5.1. Definir

¿Te has sentido confundido por toda la información que encuentras sobre el proyecto que tienes en mente, información primaria y secundaria? ¿No le ves sentido a lo que dice tu segmento de mercado?¿Sueles ver contradicciones entre lo que dicen y lo que hacen? Durante la etapa de Definir aprenderemos cómo clasificar la información encontrada, cómo descubrir patrones y hallazgos de lo encontrado en la fase de empatizar.

Así será más fácil entender el segmento de mercado y definir el reto que quieres resolver y luego la solución vas a generar.

**Herramientas Aplicables:**

• Collage
• Mapa de Empatía

Cuando hemos finalizado el proceso de Empatía y hemos capturado la mayor cantidad de información acerca de nuestro segmento de mercado un paso inicial es clasificar todo lo que encontramos en 3 categorías que son: hallazgos, necesidades y tensiones:

• Hallazgos: son todas aquellas cosas que no conocíamos sobre nuestro segmento de mercado y que pudimos entender durante la fase anterior.
• Necesidades: son aquellas cosas que tu segmento de mercado quiere suplir y/o satisfacer en el contexto del reto.
• Tensiones: son todos aquellos obstáculos o problemas a los que se enfrenta el segmento de mercado al momento de salir a satisfacer sus necesidades.

Una vez que hemos clasificado bien la información podemos resumirla y analizarla utilizando la herramienta Perfil del Cliente.

---

**Herramientas Aplicables:**

• Perfil del Cliente

---

El paso a seguir es la re-definición de nuestro Reto inicial, como hemos logrado organizar las necesidades, dolores y beneficios esperados, éstos se convierten en los nuevos retos de la siguiente forma:

*¿Cómo podemos ayudar a que ____1ra tarea__ se pueda satisfacer?*

*¿Cómo podemos mitigar el ____1er dolor____ durante la ____1ra tarea__?*

Este proceso es crucial para luego pasar a la fase de ideación, cuando ya tenemos claro nuestro nuevo reto es más fácil enfocar los recursos en una solución que se sabe que va a generar valor en nuestro segmento de mercado y por lo tanto el proceso de adaptación del producto/servicio en el mercado será más corto y con mejores resultados económicos.

Un ejemplo claro de esta herramienta fue el ejercicio que mencionamos anteriormente del proceso de innovación de la empresa que desarrolla aisladores eléctricos.

El objetivo del proyecto era generar un nuevo producto o rediseño de alguno existente que a su vez mejorara la calidad de vida de uno de sus segmentos de mercado, en este caso el Liniero, persona encargada de instalar y desinstalar los aisladores eléctricos que la empresa comercializa.

Luego de un proceso de empatía en campo, donde visitamos los campamentos de los linieros y como ellos se preparaban para su trabajo logramos identificar cuáles eran las tareas, dolores y beneficios. Y así el reto se convirtió en cómo rediseñar el aislador para que fuera más rápido y seguro de instalar.

# Reflexiones y Tareas

1.      Aplica una o varias de las herramientas descritas en este capítulo.

2.      Reformula el Reto y publicación en OpenDistillery junto con la información de Empatía sintetizada.

# CAPÍTULO 6: IDEAR

## Objetivos de Aprendizaje

• Adquirir herramientas para generar la mayor cantidad de ideas posibles que apunten a la solución del reto.

## 6.1. Idear

¿Alguna vez has intentado tener una sesión de ideación y sentido la frustración de tener una hoja en blanco o silencios incómodos de tu equipo? ¿Te gustaría saber cómo generar 200 ideas diferentes en menos de 15 minutos?

Recordemos en qué etapa del proceso nos encontramos: la Innovación Destilada inicia sumergiéndose en el contexto del reto, generando empatía y convergiendo en una re-definición del mismo, luego diverge en idear la mayor cantidad de ideas, para finalizar convergiendo de nuevo en seleccionar un concepto fuerte de solución para prototipar y probar.

Durante la fase de innovación, se utiliza la empatía y definición del reto obtenidos en la etapa anterior para generar la mayor cantidad de ideas posibles que apunten a la solución del problema. Posteriormente, se procede organizar esas ideas para prototipar soluciones.

En la mayoría de los proyectos de innovación se empieza con una "tormenta de ideas" sin haber pasado por las etapas de Empatía y Definición, esto lleva a que el equipo no piense diferente y genere las mismas ideas de siempre o ideas que no son prácticas de implementar.

Son precisamente las etapas anteriores, las que hacen que la "ideación" utilizando Design Thinking sea realmente efectiva.

La fase de ideación se caracteriza por ser divergente. Este es un momento en donde nada de lo que se propone es demasiado loco, costoso o fuera de lugar.

## 6.1.1 Sesión de Ideación

Es importante establecer la atmósfera indicada y que exista un rol de facilitador para llevar a cabo la sesión de ideación con éxito. Éste se encargará de manejar la dinámica de grupo, los materiales, la agenda y el manejo del tiempo:

**1. Espacio físico y mental:** la sesión debe planearse de tal forma que el lugar sea propicio, con espacio, materiales y tiempo adecuado para enfocarse en el proceso sin distracciones.

**2. Definir Principios de Participación:**

• Las ideas deben estar directamente relacionadas con los hallazgos, necesidades y tensiones encontradas durante la fase de empatía y definición.
• Hacerse preguntas que respondan al Reto con el fin de contrarrestar, solucionar o aprovechar la situación encontrada antes.
• Dentro del equipo se debe manejar una política de cero censura. En esta etapa no hay ideas buenas ni malas, No se trata de dar la idea correcta. Se trata de generar la mayor cantidad de posibilidades.
• Todas las ideas son válidas, No criticar las ideas de los demás, Construir sobre las ideas de los compañeros, No enamorarse de la primera idea.

- Las ideas deben ser "ideas con **VIDA**" esto significa: **V**isibles, **I**mplementables, **D**iferentes y **A**mbiciosas.
- Inicialmente hay que concentrarse en la cantidad de ideas, sin pensar demasiado en su viabilidad o pertinencia. Entre mayor número de ideas diferentes e inusuales, mucho mejor.

**3. Manejo del tiempo:** la agenda debe tener tiempos delimitados, y debe incluir una dinámica de grupo para romper el hielo, una etapa de divergencia para generación de ideas en cantidad, un receso, y luego tiempo para categorizar y converger de nuevo en ideas concretas de acuerdo al reto original. Finalmente, se deben presentar los conceptos, evaluar y hacer un cierre o despedida de los equipos.

A continuación, ofrecemos un formato de ejemplo para planear los diferentes momentos y actividades de cada sesión:

| Tiempo | Actividad | Objetivos y Reglas | Encargados y Materiales | Descripción Paso a Paso |
|--------|-----------|--------------------|-----------------------|------------------------|
| 30min | Presentación de la metodología y el Reto | | | |
| 15min | Actividad Rompe-Hielo | | | |
| 30min | Conformación de Equipos | | | |
| 1hr | Sesión de Empatía | | | |
| 1hr | Re-Definición del Reto | | | |
| 1 hr | Receso de Almuerzo | | | |
| 15min | Calentamiento creativo | | | |
| 1:15 hr | Sesión Ideación | | | |
| 15min | Receso | | | |
| 1hr | Prototipar solución | | | |
| 1hr | Presentación de soluciones | | | |
| 15min | Cierre | | | |

Asegúrate de que los participantes estén inmersos en la actividad. Es importante medir el nivel de energía y compromiso durante el desarrollo, si te das cuenta de que la energía está bajando, cambia las reglas o usa un motivador para subir el ánimo del grupo.

El facilitador debe saber cómo asegurar que los participantes más extrovertidos dejen participar a los más introvertidos, manejar los conflictos y utilizar la votación como herramienta democrática cuando los equipos están teniendo problemas para llegar a un consenso a tiempo.

Finalmente, siempre debe haber un cierre a cada actividad, abriendo espacios para conclusiones o para generar planes de acción que lleven a adoptar las metodologías y actividades y aplicarlas en casos reales.

## 6.1.2 Calentamiento

Antes de empezar con la ideación a partir del reto de innovación, es recomendable hacer un poco de calentamiento creativo con la ayuda de varios ejercicios de activación mental.

Durante ésta fase, el facilitador tiene como objetivo principal impulsar el pensamiento colectivo del equipo por medio de la conversación, escuchando y construyendo sobre otras ideas. Para esto, se recomienda usar preguntas "Cómo podríamos?" estas son preguntas cortas que tienen el poder de iniciar discusiones alrededor de un tema concreto y deben estar directamente relacionadas con el problema que acabamos de definir.

Algunos ejemplos:

- Cómo podríamos crear un cono de helado sin que el helado gotee o chorree?

- Cómo podríamos rediseñar el cono de helado para que se pueda transportar más fácilmente?

## 6.1.3 Herramientas para Ideación

Luego de la activación mental se retoma la información de las etapas previas y se empiezan a utilizar diferentes herramientas de ideación:

● **Esquema del Proceso**: Dibuja en forma de bloques cada paso del proceso involucrado en el reto o la solución, prueba quitando o cambiando el orden de los bloques, prueba agregar nuevos o mezclarlos.

● **Dramatización**: una forma divertida y dinámica de generar ideas es tratar de recrear o dramatizar la situación del reto o las soluciones, ponerse en los zapatos del usuario literalmente y empezar a improvisar sobre la situación.

● **Historieta**: A veces explicar tu solución con palabras no es sencillo y dibujar el contexto del reto o las posibles soluciones en forma de historieta permite comunicar fácilmente a los demás miembros del equipo innovador el cómo se desarrolla el problema o cómo se puede utilizar tu solución.

● **Sombreros**: Cada miembro del equipo adopta un sobrero respecto a las soluciones propuestas: pesimista, optimista, analista de los datos, reverso, etc.

● **¿Qué tal si...?**: Tratar de pensar en cómo sería el escenario del reto sin una de las variables. Por ejemplo, si el reto se trata sobre cómo llegar más rápido de la casa a la oficina, se puede preguntar: ¿Qué tal si no tuviera que ir a la oficina? ¿Qué tal si no existieran oficinas?

• **6-5-3**: Divididos en equipos de 6 personas, cada uno escribe en silencio 5 ideas en 3 minutos. Al cabo de los 3 minutos, se pasa el papel a la persona del lado derecho para que ésta persona lea y construya sobre las ideas de su compañero anterior. Al terminar de dar la vuelta completa se leen y comparten todas las ideas con los demás.

• **SCAMPER:** se trata de tomar cada una de las características del reto que se está resolviendo y empezar a hacer una de las siguientes acciones:

> S = Sustituir
> C = Combinar
> A = Adaptar
> M = Magnificar
> P = Poner en otro uso
> E = Eliminar
> R = Reordenar

Independientemente de la herramienta elegida por el facilitador, Inicialmente hay que concentrarse en la cantidad de ideas, sin pensar demasiado en su viabilidad o pertinencia. Entre mayor número de ideas diferentes e inusuales, mucho mejor.

## 6.1.4 Receso

A veces las personas más tímidas se abstienen de compartir alguna de sus ideas, por temor al rechazo o al ridículo, y el resultado es que esa idea se implanta en la mente y bloquea el desarrollo de nuevas ideas. Por eso es muy importante insistir en que todos los participantes de la sesión vacíen su mente, escribiendo y compartiendo todas sus ideas antes de tener el receso de descanso.

El receso va a permitir olvidarse por un rato sobre el reto, dejar descansar la mente, y volver para la fase más importante, que es la de concretar el concepto de solución.

## 6.1.5 Empaquetamiento de Ideas

Una vez termine el tiempo de generar gran cantidad de ideas, se debe proceder a organizar la información. La sugerencia es crear categorías que engloben la naturaleza de las ideas para facilitar el trabajo con ellas. Por ejemplo, si varias hablan de programas educativos o tienen que ver con entrenamiento se podrían agrupar bajo la categoría de "Educación".

Para esto siempre pasamos de nociones individuales a conceptos grupales, cero *brain-storming*, 100% *brain-writing*: idear de forma individual, luego poner en común, agrupar, reducir, fortalecer y finalmente priorizar por medio de votación las soluciones o categorías más fuertes.

## 6.1.5 Concepto Fuerte de Solución

Tener nuestras ideas organizadas por categorías, nos permitirá unirlas y combinar lo mejor de cada una, para finalmente diseñar lo que llamamos un Concepto Fuerte de Solución, es una idea compuesta por varias ideas y que abarca muchos aspectos como solución al Reto.

El concepto Fuerte de Solución debe tener como mínimo:

* Título
* Problema/Oportunidad
* Solución
* Alcance, valor agregado y diferenciación

### 6.1.6 Caso de Estudio

Un ejemplo de una buena sesión de ideación, fue la vivida con una organización dedicada a la promoción de la ciudad para los extranjeros y turistas nacionales mediante la atracción de eventos internacionales entre otras actividades. Ellos agrupan al gremio encargado del desarrollo de eventos, turismo receptivo, hoteles, restaurantes, etc.

Luego de realizar el ejercicio de Empatizar lograron entender a fondo lo que querían sus afiliados, que beneficios estaban buscando y cuáles eran los retos mayores para la organización a la hora de respaldar a sus afiliados.

La sesión fue facilitada por el equipo de la Agencia donde se generaron más de 500 ideas entre los 10 asistentes a la sesión.

Luego del proceso de Categorización se encontraron ideas muy atractivas en categorías como: Eventos propios, Nuevos Servicios, Servicios TIC's, Know How, Mejoramiento de la promoción de ciudad y MegaProyectos. Cada categoría con muchas ideas que se convertían al final unas en beneficios directos a sus afiliados y otras en generar nuevos ingresos para la Organización.

# Reflexiones y Tareas

• Aplicar una o varias herramientas para generar la mayor cantidad de ideas y publicar los conceptos fuertes de solución para tu reto en OpenDistillery.co

# CAPÍTULO 7: PROTOTIPAR

## Objetivos de Aprendizaje

• Adquirir herramientas para la creación de prototipos rápidos y no costosos, con los cuales podamos hacer pruebas y posteriormente escalar o iterar.

## 7.1. Prototipar

¿Has generado miles de ideas y conceptos fuertes de solución para tu reto, pero no sabes cuál debes llevar a la acción? Es muy común en empresas y emprendedores que luego de haber realizado un ejercicio de ideación tengamos miles de ideas en nuestras cabezas y unas nos atraigan más que otras, pero el proceso de pasar de la fase de idear a la de prototipar nos va a permitir realizar una segunda validación, en este caso ya de la solución deseada por el segmento de mercado.

Durante esta fase aprenderemos a validar esa propuesta de valor y obtener primero el "Encaje Problema-Solución" y luego buscar el "Encaje Producto-Mercado". El resultado en esta fase será definir nuestra propuesta de valor y aprender cómo prototiparla de forma ágil para validarla en el mercado, siguiendo la filosofía *Lean*, de validar rápido, para fracasar barato y poder iterar o pivotar sobre nuestra solución.

Como lo hemos venido haciendo en este libro y con el fin de reforzar siempre la importancia de cada fase y lo que cada una aporta al proceso completo de innovación recordemos que durante la fase de idear, nuestro resultado fue un concepto fuerte de solución, este concepto resume muchas ideas generadas durante la sesión de trabajo.

El siguiente paso es validar nuestro concepto fuerte de solución en el papel, es decir, debemos corroborar el Perfil de Cliente diseñado durante la fase de Definir y con este validar que nuestra solución está aliviando sus dolores y que le está creando los beneficios esperados.

### 7.1.1 Mapa de Valor

Para este ejercicio de validación temprana vamos a seguir utilizando el lienzo de diseño de propuesta de valor, en este caso utilizaremos el cuadro de la izquierda conocido como el Mapa de valor.

El mapa de valor describe las características específicas de cómo estaría estructurada tu propuesta de valor, éste te ayudará a entender qué valor estás entregando a tu segmento de mercado con la solución que acabas de diseñar. Éste cuadro se divide en productos y servicios, aliviadores y creadores de beneficios.

> **Herramientas Aplicables:**
>
> • Mapa de Valor

Cuando ya hemos definido nuestro Mapa de Valor es el momento de revisar si lo que tenemos en él está alineado con lo que el Perfil de Cliente tiene, es decir si mis Productos o servicios, aliviadores y creadores de beneficio están alineados con las Tareas, Dolores y Beneficios más importantes del Perfil de Cliente.

Cuando logramos tener esa alineación hemos logrado lo que se denomina como el Encaje Producto-Solución, esto quiere decir que desde el problema que descubrimos en la fase de Empatizar y Definir que tenía nuestro segmento de mercado hemos pasado a diseñar una solución que, al menos en el papel, es la más indicada.

## 7.1.2 Prototipos Rápidos

Luego de esta validación inicial es el momento de pensar en cómo prototipar esa solución y salir al mercado de la forma más rápida, minimizando el riesgo y los costos. Es importante que aprendamos la consigna de velocidad, probar los supuestos, fracasar rápido y barato.

Ésta fase nos va a ayudar a pasar de las ideas a la acción. El aprender a prototipar nuestras ideas de forma efectiva es una ventaja muy grande frente a nuestros competidores.

El tener la capacidad de implementar experimentos rápidos en el mercado va a aumentar nuestro conocimiento del mercado, parte crucial del proceso de diferenciación. En resumen, buscamos prototipar para:

* Para pensar en la solución del problema.
* Para comunicar. Si una imagen vale más que mil palabras, un prototipo vale más que mil imágenes.
* Para cometer errores antes de salir al mercado y sin necesidad de incurrir en altos costos.
* Para controlar el proceso de la creación de soluciones. Los prototipos ayudan a identificar distintas variables que permiten

descomponer grandes problemas en bloques, haciendo que estos se puedan evaluar y atender de mejor manera.

Sugerimos los siguientes pasos a la hora de prototipar:

• Trabajar teniendo al usuario final en mente ¿Qué tipo de comportamiento esperamos?
• Simular o dramatizar aspectos del usuario para poder comprenderlo de mejor manera.
• No dedicar demasiado tiempo a un prototipo: dejarlo ir antes de involucrarse demasiado.
• Dibujar o usar otros materiales como Lego, plastilina o figuras a escala para ilustrar el funcionamiento y la experiencia de la solución.

### 7.1.3 Producto Mínimo Viable

El Mínimo Producto Viable o Mínima Propuesta de Valor Viable consiste en elegir la técnica que conduzca a aprender más rápidamente sobre la validez del supuesto más arriesgado del modelo de negocio.

No se trata de realizar una versión inicial del producto con poca funcionalidad, sino de realizar experimentos para aprender, e iterar rápidamente para invalidar los principales supuestos.

No de esta forma...

Sino de esta...

Basado en la gráfica de Henrik Kniberg[26]

Se debe definir un método de prueba, los criterios de éxito y el alcance del experimento. A veces basta con hacer una simulación de lo que sería la solución completa, o de entregar la propuesta de valor de forma manual mientras se valida si vale la pena hacerlo de forma automatizada a gran escala.

## 7.1.4 Discurso de Elevador

Bien sea que se vaya a presentar ante un comité directivo, un grupo de inversionistas, enviar una campaña de email o grabar un video para crowdfunding, el *Elevator Pitch* o discurso de Elevador debe tener en cuenta siempre el principio de comunicación **A.I.D.A.**:

[26] Making sense of MVP (Minimum Viable Product) – and why I prefer Earliest Testable/Usable/Lovable. Henrik Kniberg. 2016. [http://blog.crisp.se/2016/01/25/henrikkniberg/making-sense-of-mvp]

• **A**traer: Desde los primeros 7 segundos del discurso, se debe atraer la atención del público y convencerlo de que está dirigido a ellos. Se puede utilizar una imágen o una pregunta impactante: Ej: ¿Haz tenido siempre éste problema y te gustaría una forma de solucionarlo?

• **I**nteresar: Alimentar el interés, indicar cuál es el problema, y por qué el público debe escuchar: ¿el equipo tiene experiencia con el problema? ¿contamos con la solución? ¿somos expertos en el campo?

• **D**eseo: Presentar la solución, evidencias de por qué es una solución válida y sus beneficios para el público que escucha.

• **A**cción: Finalmente hacer un llamado a la acción que queremos que la persona tome (registrarse, comprar, siguiente paso, etc.)

## Reflexiones y Tareas

• Crea un prototipo para tu concepto fuerte de solución y publícalo en tu reto de OpenDistillery.co

# CAPÍTULO 8: ESCALAR Y PROBAR

## Objetivos de Aprendizaje

• Adquirir herramientas e indicadores de evaluación para probar las soluciones de cara al consumidor final, para que se propicie un ambiente de retroalimentación e iteración.

## 8.1. Probar

¿Has validado en el mercado tu prototipo de solución?¿Nuevamente tienes mucha información y no sabes cómo organizarla?¿No sabes si seguir adelante o cambiar de solución?

El proceso de Escalar la solución está cimentado en la premisa de probar, éste será un proceso cíclico y de constante aprendizaje.

Lo importante es no sentirse frustrado si el mercado no adopta la solución en el primer intento, este capítulo permitirá aprender de los experimentos en el mercado y sacarle el mayor provecho a la información que éste brinda.

Para la metodología que estamos trabajando ésta es la fase crucial, si en esta fase no generamos los ingresos o ahorros esperados no podemos catalogar el resultado como algo innovador. Es sumamente importante que el resultado de seguir el paso a paso de la innovación destilada se vea reflejado en el Banco, al final debemos ser capaces de convertir la solución en un modelo de negocio sostenible, rentable y escalable.

En esta fase veremos 2 herramientas que acompañarán el proceso de ahora en adelante. La primera es el conocido Lienzo de Modelo de Negocio, y la segunda será el Tablero de Validación, éste nos ayudará a seguir un registro de los experimentos que hagamos en el mercado, definir métricas de éxito y decidir si seguimos en el mercado como venimos o iteramos hacía una nueva solución.

Iniciemos entonces con el recuento de cómo hemos vivido el proceso, todo empezó por definir un equipo de trabajo, identificar un reto inicial, realizar el proceso de empatía para conocer mejor el segmento de mercado, definir un perfil de cliente y re-definir el reto de innovación, para luego pasar a generar soluciones y aprender a prototiparlas.

Durante esta fase pasaremos del "Encaje Producto/Mercado" al "Encaje del Modelo de Negocios". Una vez encontrada una oportunidad de negocio, se deben tener métricas para evaluar si se puede desarrollar un modelo de negocio repetible, rentable y escalable.

## 8.1.1 Lienzo de Modelo de Negocio

El *Business Model Canvas* es una herramienta creada por Yves Pigneur y Alex Osterwalder que permite entender en 9 bloques cómo la empresa o emprendimiento crea, entrega y captura valor en el mercado.

El Lienzo de Modelo de Negocio se compone de 9 bloques: Segmentos de mercado, Propuesta de Valor, Canales, Relacionamiento con Clientes, Fuentes de Ingresos, Actividades, Recursos y Socios Claves, y por último, Estructura de Costos.

En este momento del proceso ya debemos tener listo, por un lado, el segmento de mercado que es el resultado del Perfil de Cliente identificado durante la fase Definir. Y, por el otro lado, la Propuesta de Valor que definimos en la fase de Prototipar cuando diseñamos el Mapa de valor.

Para los 7 bloques restantes podemos ir al anexo donde se encuentra la definición de cada uno y una lista de preguntas guía que nos permitirá completar el modelo de negocio de una forma acertada y ordenada.

> **Herramientas Aplicables:**
>
> * Lienzo de Modelo de Negocio

Una vez que hemos definido el nuevo Modelo de Negocio, es el momento de diseñar una prueba piloto que nos permita validar la mayor cantidad de hipótesis planteadas en el modelo, priorizando aquellas más riesgosas, es decir aquellas que si no son como creemos, pueden hacer inviable nuestro modelo.

Para el diseño de esta nueva prueba piloto podemos consultar la Guía para prototipar que desarrollamos en la fase pasada. Esta cuenta con el paso a paso para diseñar una prueba piloto, tips y ejemplos que ayudarán a entender cómo crear una prueba piloto.

## 8.1.2 Tablero de Validación

Una vez tenemos la prueba piloto lista, es el momento de utilizar el Tablero de validación, este tiene como primera y más importante función, organizar las pruebas piloto y ayudarnos a entender los resultados.

El tablero de validación consta de 2 momentos: primero, el diseño de la prueba piloto junto con sus métricas de éxito, y segundo, el análisis de los resultados de la prueba.

Las primeras pruebas piloto se deben enfocar en aquellas hipótesis más arriesgadas, en el momento de diseño debemos definir un punto importante en el Tablero de validación y es la métrica de éxito.

La métrica de éxito será la meta que definamos para poder seguir adelante con el modelo de negocio. Por ejemplo, si el modelo de negocio es vender pollos rosados, la métrica de éxito podría ser la siguiente: si vamos donde 100 clientes, al menos 50 de ellos deben comprar los pollos rosados.

Si la métrica de éxito se cumple, seguimos validando las siguientes hipótesis, si por el contrario no se alcanzó la métrica deseada, debemos entender el por qué se consiguió y aprender de esa experiencia para realizar los cambios pertinentes en el modelo de negocio.

Este ejercicio será cíclico, hasta el momento en que veamos los resultados en el modelo de negocio, es decir hasta que las hipótesis más arriesgadas estén validadas y veamos que el modelo comienza a ser rentable y por lo tanto sostenible.

**Herramientas Aplicables:**

- Tablero de Validación

### 8.1.3 Métricas de Evaluación

¿Cómo marcar la diferencia y competir en un mundo donde es tan fácil tener ideas? una idea por sí sola no vale nada, el secreto de su éxito está en cómo se ejecuta y en cómo se mide la velocidad de aprendizaje del negocio:

- **Afinidad Estratégica**: La afinidad estratégica mide que tan alineada está la idea con la estrategia corporativa o con nuestros objetivos e ideales.

- **Encaje Problema/Solución**: Tenemos un problema que vale la pena resolver? Tenemos una idea o concepto de negocio que lo resuelva?

- **Tracción**: Se han podido descubrir y atraer los primeros clientes que paguen por la solución?

- **Indicadores Clave de Desempeño (*KPI*)**: Cada tipo de negocio tiene diferentes indicadores, pero al menos se debe contar con una métrica de los costos de adquisición y retención de clientes, referidos, monetización, etc.

- **Viabilidad Económica**: debe evaluarse por medio de una prueba ácida o prueba de servilleta, que compare la estructura de costos y las fuentes de ingreso y que arroje un resultado positivo.

- **Encaje Producto/Mercado**: ¿el modelo de negocio genera valor al cliente y nos permite capturar valor? es repetible y escalable?

## Reflexiones y Tareas

- Prueba tu prototipo de cara a los usuarios y clientes y publica los resultados de las métricas de evaluación en tu reto de OpenDistillery.co

# CAPÍTULO 9: CASOS DE ESTUDIO

## 9.1 Empresa: Corona Gamma

**Reto de innovación: ¿CÓMO PODEMOS MEJORAR LA EXPERIENCIA DE INSTALACIÓN DE PINES AISLADORES EN REDES ELÉCTRICAS?**

Corona Gamma es una empresa dedicada a la fabricación y comercialización de soluciones en aislamiento y equipos de protección y maniobra para las empresas de energía eléctrica, cuenta con un amplio portafolio de productos especializados en mercados como Estados Unidos, Canadá, México, Filipinas y Corea del Sur y a más de 15 países de Latinoamérica.

Pertenece a la Organización Corona, una compañía multinacional con más de 133 años de experiencia en procesos de manufactura. Gamma fabrica aisladores eléctricos de porcelana para redes de alta y media tensión y requiere la manipulación de operarios en altura (linieros) para la instalación de los mismos.

Sin embargo, donde poco se ha avanzado es en la facilidad de la instalación de estos aisladores. Actualmente, el cable se fija al aislador mediante otro cable de sujeción, lo cual hace de esta tarea un procedimiento manual, demorado y muy dependiente de la experiencia del instalador.

La misión de GAMMA consistió en que, al final del programa de innovación abierta, se tuviera un diseño de un aislador que permitiera mantener la funcionalidad mecánica y eléctrica del producto, mejorando las condiciones de instalación para el liniero y asegurando una sujeción acorde con las necesidades del mercado por todo el tiempo de uso.

## Trabajo Realizado

Para el desarrollo del programa, se utilizó la metodología de Distilled Innovation, diseñada para abordar retos de innovación abierta.

Esta metodología consistió en 3 fases:

### Validar:

Se realizó un proceso de inmersión de un mes que permitió a Distilled Innovation entender el origen del problema, la oportunidad o la necesidad.

Se sostuvieron entrevistas a profundidad con el equipo de Gamma con el fin de entender el proceso de diseño, producción y comercialización de los aisladores y se visitaron varios campamentos de linieros para conocer la forma de interactuar con el producto, dolores y necesidades en la instalación.

Al final de esta fase se redefinió el reto para que estuviera alineado con las necesidades del retador y del usuario, siendo replanteado así: ¿Cómo podemos mejorar la experiencia de instalación de pines aisladores en redes eléctricas?.

### Innovar:

Se hizo una convocatoria abierta a estudiantes, docentes o investigadores en áreas como Diseño Industrial, Ingeniería de Diseño de Productos, Ingeniería Electrónica, Ingeniería Eléctrica y/o Ingeniería Mecánica de

Universidades del país, al igual que a empresas y emprendedores de la región.

Se sumaron 45 solucionadores de diversos perfiles, 10% de ellos provenientes de Bogotá, Pereira y Putumayo, el 60% menores de 30 años y más del 50% con experiencia en diseño de producto.

**Escalar:**

Se identificaron varias soluciones factibles y se llegó a una solución aceptada por el retador que fuera técnicamente viable y económicamente sostenible.

## Resultados

• 8 soluciones diseñadas por equipos multidisciplinarios conformados por emprendedores, estudiantes de universidades, empleados de Corona o Gamma y profesionales de diferentes industrias como diseño industrial, ingeniería mecánica e ingeniería eléctrica.

• Se pre-seleccionaron 4 soluciones: las más viables desde su pertinencia estratégica, su viabilidad financiera y su potencial de escalamiento.

• Se rediseñó el aislador eléctrico con materiales más livianos y amigables con el ambiente. Pensando primero en la experiencia del usuario final (el Liniero) y enfocándose en la mejora del proceso de instalación de los aisladores.

• Se rediseñó la experiencia del Liniero - el operario en la instalación del aislador. No necesitará herramientas para instalarse.

• Se encontraron nuevas maneras de optimizar tiempos y recursos tanto del operario como de las empresas de energía.

• Basados en la experiencia del reto de innovación abierta, la Organización Corona abstrajo las buenas prácticas de la experiencia para prototipar un modelo de relacionamiento y una incubadora de negocios innovadores en donde las soluciones se co-crean con emprendedores del ecosistema nacional.

# 9.2 Empresa: Team Foods

### Reto de innovación: ¿CÓMO RECOGER Y TRANSFORMAR EL ACEITE VEGETAL USADO, DESDE UNA ECONOMÍA CIRCULAR?

Team Foods es una compañía experta en lípidos (grasas y aceites) con presencia en Colombia, Chile y México. Como líder en su categoría, Team buscaba desarrollar un sistema, basado en las economías circulares, que le permitieran: Tener acceso a a las más de 3500 toneladas de aceite vegetal usado en los hogares colombianos, mitigar el impacto ambiental del aceite usado, y desarrollar nuevas fuentes de ingreso transformando el aceite en biodiesel.

### Trabajo realizado

* Investigación y definición del reto de innovación abierta.
* Perfilación y convocatoria de los equipos solucionadores.
* Facilitación de los talleres y espacios de co-creación de las soluciones.
* Acompañamiento en el prototipado y validación de las soluciones.
* Acompañamiento para el diseño de acuerdos de colaboración y escalamiento de la solución ganadora.

### Resultados

* 3 soluciones co-creadas y validadas en el mercado.
* Más de 700 litros de aceite recuperados en menos de 3 semanas con la solución ganadora.
* Resultados de 4x sobre la inversión.

Carlos Jaramillo, co-fundador de Distilled Innovation cuenta desde su blog personal[27] su experiencia trabajando en el reto Team Foods.

### Economías circulares: oportunidad de sostenibilidad y nuevas fuentes de ingreso

*El año pasado trabajamos con Team Foods en un reto de innovación abierta que buscaba desarrollar un sistema a través del cual pudieran tener acceso a las más de 3,500 toneladas de Aceite Vegetal Usado—AVU, para hacerse responsables de todo el producto que emiten al mercado, mitigar su impacto ambiental y producir biodiesel. El reto: ¿Cómo acceder a un volumen representativo del total de AVU en los hogares a través de un sistema de recolección eficiente e innovador?*

*Empatizando con el reto de acuerdo al último reporte de la firma Greenea, la recolección de AVU en hogares todavía no está desarrollada a nivel mundial. Algunos países como Austria, Bélgica y Países Bajos han logrado desarrollar sistemas nacionales de recolección. Entre estos, el sistema belga es el más completo, con 12 años en funcionamiento y un alcance en su recolección del 64% del total de AVU generado en hogares.*

*Después de los costos logísticos, la barrera de entrada más difícil para masificar la recolección en hogares es la cultura. En Bélgica,*

---

[27] Economías circulares: oportunidad de sostenibilidad y nuevas fuentes de ingreso. Carlos Jaramillo. 2018.
[https://medium.com/charlies-journey/econom%C3%ADas-circulares-oportunidad-de-sostenibilidad-y-nuevas-fuentes-de-ingreso-75fd3204148e]

las campañas publicitarias para popularizar esta práctica ascienden a €1'000,000 al año.

La otra clave, según los resultados que arroja la Unión Europea, son las alianzas. Los sistemas de recolección con mayor tracción en el mundo están diferenciados por una red de colaboración clara.

En el caso de Italia, su enfoque está en las escuelas, la educación y el enganche con las generaciones más jóvenes. En Bélgica, el aliado principal es el gobierno, quien no sólo promueve políticas claras de reciclaje sino que también ha encontrado en una agencia de publicidad el gran aliado para hacer que su campaña tenga alcance nacional.

El proceso de investigación en Colombia nos permitió entender que:

1 litro de aceite contamina hasta 1,000 litros de agua. Sólo en Bogotá, la capital de Colombia, el AVU que tapona el alcantarillado le cuesta a la ciudad 20,000 millones de pesos (COP $) al año. El AVU mal desechado, puede generar problemas de salud pública y plagas. El mercado de AVU en hogares colombianos asciende a 3,500 toneladas mensuales.

Así las cosas, Distilled Innovation se dió a la tarea de perfilar a los mejores Solucionadores para este reto, con el fin de conformar los equipos innovadores que emprenderían el proceso de diseño de la solución. El ejercicio contó con la participación de 4 equipos y un total de 16 participantes. Los perfiles de los Solucionadores se caracterizaron por ser profesionales en marketing, comunicaciones e ingeniería (ambiental, industrial y química). Los equipos trabajaron bajo la premisa de maximizar los volúmenes recogidos *y minimizar los tiempos en los ciclos de recolección. Se crearon 4 soluciones, 1 por equipo.*

*El ejercicio nos llevó a un ambiente de prueba en donde, por dos semanas, los equipos tuvieron la oportunidad de validar la pertinencia de sus soluciones. Al finalizar los 15 días de prueba, se recolectaron más de 700 litros de aceite usado, cada uno debidamente acreditado con su certificado ambiental y generando un impacto importante para el tiempo y nivel de madurez de las soluciones. Los sistemas desarrollados por los equipos habían probado ser más de 400% más exitosos en comparación con pruebas previas desarrolladas en conjunto por Team y Universidades de Bogotá que habían logrado recolectar tan sólo 100 litros en 6 meses. De este momento en adelante, Distilled acompañó tanto a retador como Solucionador a evaluar las oportunidades de creación, entrega y captura de valor —teniendo en cuenta lo que cada parte aportaría— logrando desarrollar un acuerdo de colaboración que facilitara el escalamiento y puesta en marcha de la solución.*

*La solución ganadora logró promover la creación de una cultura y patrones de separación sencillos para maximizar los volúmenes recolectados. Nuestra metodología de innovación abierta hizo posible que los Solucionadores pudieran interactuar con las comunidades, facilitando el desarrollo de economías circulares que hacen posible a las empresas responsabilizarse de todo el producto que emiten al mercado (y sus desechos), para tratarlo y generar nuevos negocios y fuentes de ingreso en este caso en la forma del biodiesel a ser producido con el AVU.*

# 9.3 Empresa: Agrosilicum

## Reto de innovación: ¿CÓMO DISMINUIR EL MATERIAL PARTICULADO GENERADO EN LA PLANTA DE PRODUCCIÓN?

Mejisulfatos, hoy Agrosilicium, es una empresa colombiana que ofrece programas de nutrición a base de silicio, magnesio y otros nutrientes para los diferentes cultivos. Su conocimiento, experiencia y compromiso con el agro le han permitido satisfacer a sus clientes en América Latina por más de 30 años.

Mejisulfatos cuenta con 200+ empleados y 3 fábricas en: Itagüí, La Estrella y Angelópolis, con ingresos operacionales en 2016 de 23,957 Millones. En 2015 se presentó a la empresa un reto que debían solucionar de forma ágil ya que sin una solución real corrían el riesgo inminente del cierre de la planta principal (La Estrella) y una multa de más de USD $400,000.

## Trabajo Realizado

Acompañamiento en la definición, diseño e implementación de una solución a sus problema de producción y contaminación. Utilizamos la innovación abierta para permitir al cliente maximizar el número de opciones frente al reto.

## Resultados

De los ejercicios de ideación y prototipado generados en el programa se diseñó un sistema de riego que  permite disminuir las emisiones de material particulado, luego de una inversión aproximada de 5 Millones de pesos (USD $1,500) lograron mantener el estándar que les permitiera seguir operando. Los resultados de la solución se resumen en:

* Evitar el cierre de la Planta de producción de la Estrella.

- Ahorros aproximados de COP $1,200 Millones.
- Ahorro de la multa por cierre e incumplimiento a proveedores y clientes.
- Disminución del material particulado en un 50%.

# 9.4 Banco Interamericano de Desarrollo - BID

## Reto de innovación: ¿CÓMO EVITAR LA DELINCUENCIA, CRIMINALIDAD Y REINCIDENCIA EN MENORES DE EDAD EN LATINOAMÉRICA?

El BID, desde su laboratorio de innovación social, busca aliados locales para abordar y desarrollar soluciones a los principales retos sociales de América Latina desde una perspectiva innovadora. En LatAm, el 80% de menores de edad que han cometido crímenes, reinciden y en Colombia, de cada 100 capturas, 10 corresponden a menores de edad. Es por esto que desde 2017 Distilled Innovation, Corpoemprende y el BID vienen trabajando juntos en un proyecto para prevenir la delincuencia juvenil.

## Trabajo Realizado

- Proceso de investigación y generación de empatía para acercarse a los jóvenes y poder trabajar con ellos.
- Proceso de formación en liderazgo positivo, emprendimiento y adopción de nuevas tecnologías.
- Proceso de incubación de ideas de negocio de los jóvenes.
- Proceso de innovación abierta para articular a los jóvenes con socios clave provenientes de organizaciones privadas y públicas, sociedad civil y academia.
- Proceso de validación, pruebas piloto y escalamiento de las iniciativas en el mercado.

## Resultados

Después de 6 meses de trabajo en 2017, se reconocieron 6 iniciativas como las de mayor viabilidad y potencial. Estas 6 ideas abordan las oportunidades, dificultades y necesidades de los jóvenes y sus comunidades.

Cabe resaltar que partieron de lo que ven en el día a día en sus barrios: motocicletas, barberías, arte y cultura. Cosas simples que, sumadas a las tecnologías adoptadas durante el programa y una visión innovadora, se convirtieron en proyectos sociales disruptivos capaces de ser sostenibles.

- El programa ha involucrado a más de 10 líderes sociales y más de 150 niños en situaciones vulnerables.
- Durante 2018 se llevaron a cabo las pruebas piloto y hoy se están escalando las spin-offs y negocios resultantes, priorizando la creación de oportunidades para los jóvenes.

En el siguiente post, tomado de su blog personal en Medium[28], Carlos Jaramillo relata su experiencia como Diseñador y Facilitador del proceso

### *Disrupción en la criminalidad juvenil desde la innovación abierta.*

*En mi experiencia liderando proyectos de innovación abierta e innovación social con Distilled y Corpoemprende, he descubierto cientos de historias conmovedoras e inspiradoras. Estos proyectos son de gran contenido personal, empático y social, pero ninguno con una carga emocional tan grande como la que viví en Liberando Ideas. Cada sesión con estos chicos es intensa, te lleva a evaluar las*

[28]Disrupción en la criminalidad juvenil desde la innovación abierta. Carlos Jaramillo. 2018. [https://medium.com/charlies-journey/liberando-ideas-2017-1fd1745270b8]

*decisiones que has tomado en tu vida y a hacer contraste con sus historias, que vas descubriendo a medida que ganas confianza. Es un proceso de aprendizaje y construcción de tejido social que nos permitió crecer desde experiencias de humildad y vulnerabilidad para entender que es posible, no sólo destruir, sino también construir. Esta es la historia de ese trabajo.*

*Lo primero que hicimos fue entablar contacto con la Alcaldía local y uno de los Centros de Restitución de Derechos— no se les debe llamar "Cárceles de menores". Una vez alistamos todo desde el punto de vista legal y logístico, comenzamos a desplegar la metodología de innovación destilada para canalizar el trabajo realizado en el Centro. El grupo lo conformaron 25 jóvenes, escogidos para el programa de acuerdo a su evolución y desempeño dentro del Centro.*

*La primera fase de la metodología consiste en empatizar y fue clave, no sólo para entender el trasfondo, la realidad de cada uno de los jóvenes, las causas, efectos y relaciones de sus acciones dentro del entorno en que crecieron, sino también para generar confianza con el equipo. El objetivo principal de esta fase era conformar un equipo de trabajo con un propósito común.*

*El trabajo desarrollado se enfocó en reconocernos como personas únicas, cada una con capacidades diferentes y en la posición de aportar al proyecto desde distintos frentes, visiones y habilidades.*

*La construcción de confianza se dio al mostrarnos como iguales y abrir espacios de presentación desde lo que somos y la forma en que vemos el mundo.*

*El diseño de Pasaportes permitió dar identidad a cada integrante del equipo e implementar una herramienta de seguimiento al componente de formación del programa: cada sesión se trabajaron competencias y valores, se destacaba su apropiación a través de "medallas" que se adherían al pasaporte.*

*La fase de empatía finalizó con la construcción de retos, que partieron del análisis de la información que se ha recopilado hasta el momento. Mecanismos sencillos de votación permitieron establecer prioridades y validar la importancia que los jóvenes dan a situaciones como la familia, incluso por encima del estatus social. Para los jóvenes, una de las frustraciones más grandes es no sentirse reconocidos en la sociedad como parte de algo que no sea una banda criminal. Esto incluye, pero no se limita a sentirse parte de un grupo de estudio, un proyecto, una familia o un colectivo en donde puedan expresarse sin etiquetas, desde sus pasiones.*

*La segunda fase consistió en el proceso de innovación que en éste programa se llevó a cabo en 3 etapas:*

### 1. Formación:

*El proceso de formación se dio de forma transversal a todo el programa. Se ahondó desde 3 ejes: liderazgo positivo, apropiación tecnológica y emprendimiento. El componente de formación del proyecto tiene como objetivo disminuir las brechas cognitivas y de habilidades en los jóvenes, con el fin de alistarlos para la construcción de planes de vida alternativos. Se busca que los jóvenes apliquen las habilidades que desarrollan durante el programa para enfocar sus pasiones y crear desde ellas, iniciativas* sostenibles capaces de aportar a los retos previamente construidos.

## 2. Ideación:

Para esta etapa, se adaptaron metodologías ágiles como Design Thinking, para que los jóvenes estuvieran en capacidad de llevar un proceso estructurado que les permitiera transformar ideas en proyectos; evaluarlos y determinar si son viables para convertirse en un modelo de negocio. Se tomaron como punto de partida los retos construidos y el trabajo realizado en la sesión de Futuros Deseados. Con base en los resultados de esta actividad, los jóvenes comenzaron a priorizar las ideas generadas en torno a las mejores formas para alcanzar sus planes futuros. Las ideas debían sustentar alternativas de vida digna y la capacidad de mitigar el impacto negativo de las situaciones contempladas en los retos. Desde este momento se comenzaron a construir las soluciones, fortaleciendo y filtrando las ideas y luego utilizando la herramienta de Lienzo de Modelo de Negocios para transformar los conceptos fuertes de solución en modelos de negocio, destacando la forma en que se crea, entrega y captura de valor. Se hizo especial mención a la sostenibilidad ambiental, social y económica como factor clave en la generación de los modelos de negocio.

## 3. Prototipado:

En la etapa de de prototipado comenzamos a desplegar la estrategia de innovación abierta. A través de la plataforma Open Distillery se lanzaron a la comunidad en general, los mismos retos que abordaron los jóvenes. Allí se generó inteligencia colectiva alrededor de cada reto y se propusieron soluciones. Se recibieron aportes de toda Latinoamérica. En paralelo, se invitó a un equipo de Solucionadores provenientes del sector público, el privado, el ecosistema de innovación y emprendimiento y las instituciones académicas. Estos Solucionadores contaron con un proceso de transferencia metodológica y, de acuerdo a sus habilidades y pasiones, se les invitó a formar parte de los diferentes equipos de los jóvenes.

Durante sesiones de co-creación que facilitamos en el Centro, los jóvenes y Solucionadores pudieron conocerse, consolidar sus equipos y trabajar juntos en la creación de prototipos para cada modelo de negocio. El trabajo por roles y objetivos dentro de los equipos fomentaron una comunicación continua, incluso a través de cartas. Se trabajaba tanto dentro del Centro Carlos Lleras como fuera de él para los planes de implementación.

Después de 6 meses de trabajo en 2017, se reconocieron 6 iniciativas como las de mayor viabilidad y potencial. Estas 6 ideas abordan las oportunidades, dificultades y necesidades de los jóvenes y sus comunidades. Cabe resaltar que partieron de lo que ven en el día a día en sus barrios: motocicletas, barberías, arte y cultura. Cosas simples que, sumadas a las tecnologías adoptadas durante el programa y una visión innovadora, se convirtieron en proyectos sociales disruptivos capaces de ser sostenibles.

En 2018 iniciamos la nueva fase del proyecto, en la cual nos enfocaremos en llevar al mercado las 6 iniciativas, comenzando su proceso de escalamiento. Será un nuevo reto, tanto para los jóvenes como para las organizaciones, pues el trabajo se realizará por fuera del Centro de Restitución de Derechos y los resultados dependen del impacto positivo que los proyectos generen sobre los jóvenes y su público objetivo.

*Los 17 graduados ya comienzan a sentir los beneficios de Liberando Ideas. Una vez han ido culminando su proceso en el Centro, han reingresado a la sociedad civil viviendo una realidad totalmente diferente: ya no tienen al crimen como su única opción y cuentan con aliados dispuestos a tenderles la mano. Si quieres vincularte a este proceso o llevar el programa de Liberando Ideas a tu ciudad, escríbenos al email contacto@distilledinnovation.co*

# ANEXO I: HERRAMIENTAS

Éstas herramientas pueden usarse en distintas fases y en diferentes situaciones con el fin de propiciar espacios dinámicos de solución de problemas.

Ver más herramientas descargables y videos explicativos en **www.innovaciondestilada.com**

# I.1 Línea de Tiempo

¿Qué te hace feliz? piensa en toda tu vida hasta el día de hoy e identifica qué puntos altos has tenido y que puntos bajos. Luego reflexiona sobre cómo fue tu camino hasta hoy y que tan importante fueron esos puntos para convertirte en quien eres hoy, ¿Qué te apasiona?¿Por qué?:

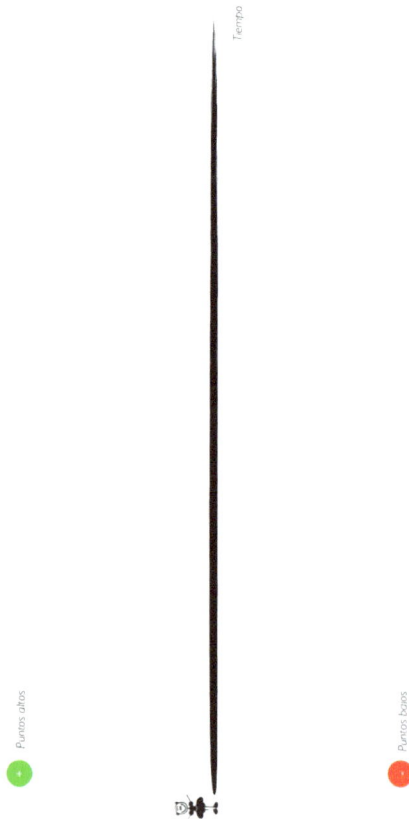

Tiempo

Puntos altos

Puntos bajos

## I.2. Modelo de Negocio Personal

El lienzo *Business Model You* es una adaptación de Timothy Clark a la herramienta creada por Yves Pigneur y Alex Osterwalder, y busca que cada persona encuentre como crea, entrega y captura valor en el ámbito profesional y personal:

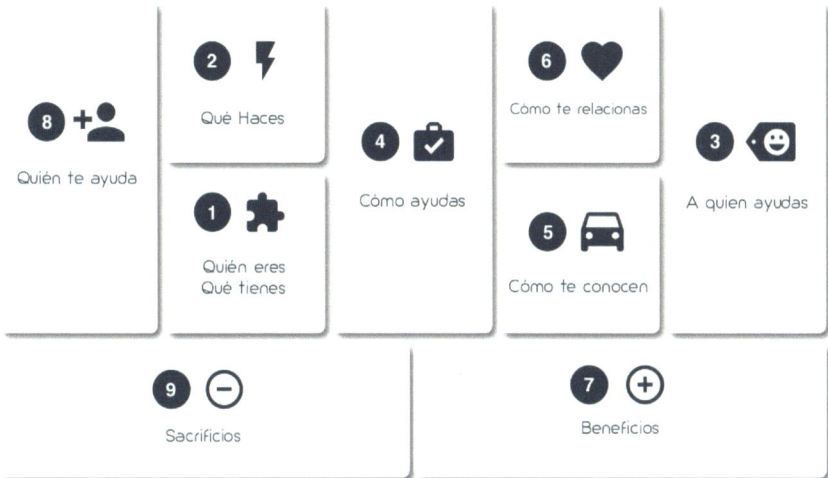

**1. Quién eres y qué tienes**

* INTERESES ¿Qué te motiva?
* HABILIDADES Habilidades "blandas"
* COMPETENCIAS Habilidades "duras"
* ETIQUETAS ¿Qué te describe?
* ACTIVOS Tangibles (posesiones) e intangibles (contactos, experiencia)

## 2. Qué haces

Tus proyectos, tu trabajo, tus pasatiempos.

## 3. A quién ayudas ¿Quiénes son tus clientes?

* JERÁRQUICOS: Jefe, cadena de mando.
* INTERESADOS: Gente dentro de tu empresa con la que trabajas, comunidades
* CLIENTES: La gente que te paga (directa o indirectamente)

## 4. ¿Qué valor aportas y a quien ayudas?

Tu propósito personal.

## 5. ¿A través de qué CANALES te conocen?

## 6. RELACIONES ¿Qué tipo vas a establecer?

Cómo gestionas tu marca personal: ¿Servicios personales o cara a cara? ¿Impersonales como email, teléfono, foros? ¿Captación o fidelización?

## 7. ¿Quién te ayuda?

Tus pares, socios y proveedores

## 8. Beneficios - Ingresos

- DIRECTOS: Salario, Venta, Especie, Modelos alternativos, Beneficios...
- INDIRECTOS: satisfacción, diversión, reconocimiento, visibilidad ... .

## 9. Sacrificios - Costos

- TIEMPO + ENERGÍA + DINERO
- DIRECTOS: formación, viajes, comunicaciones, materiales
- INDIRECTOS: estrés, horarios, insatisfacción, relaciones personales

# I.3. Propósito y MEGA

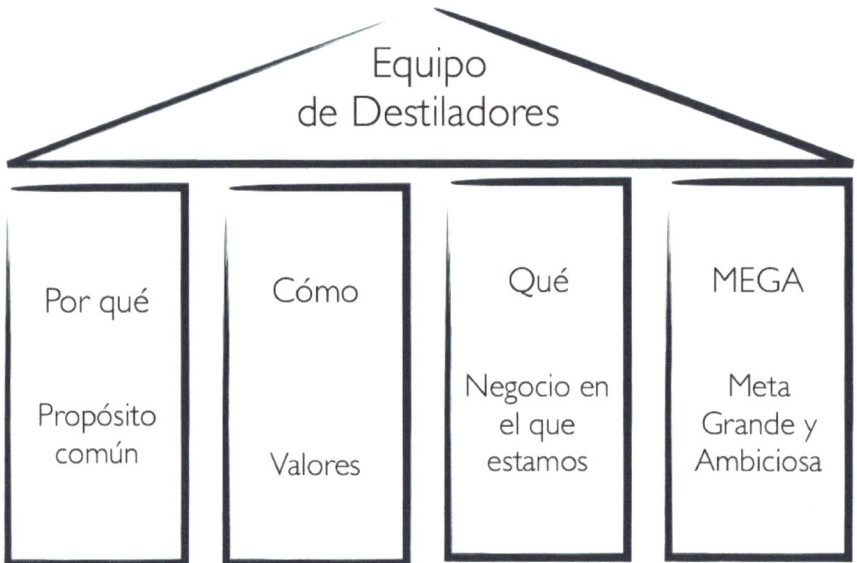

## 1. ¿Por qué? - Propósito común

El propósito es la razón por la cual existe la organización.

- Responde a la pregunta ¿por qué lo hacemos?, en vez de limitarse a explicar lo que hacemos.
- Aclara, desde el punto de vista de los clientes, cuál es realmente nuestro negocio.
- Las buenas empresas y organizaciones tienen un propósito profundo y noble – un propósito trascendente, que infunde entusiasmo y compromiso.

• Las palabras en sí no son tan importantes como el significado que tienen para las personas.

## 2. ¿Cómo? - Valores

Los valores son creencias profundamente arraigadas de que ciertas cualidades son deseables.

• Definen lo que es correcto o fundamentalmente importante para cada uno de nosotros.
• Suministran pautas para nuestras opciones y acciones.
• Si el propósito común es el POR QUÉ, los valores son el CÓMO.
• ¿Cuales son los valores que rigen mi vida?
• ¿Qué tan importantes son estos valores para mí?
• ¿Cómo puedo aplicar estos valores para enriquecer el trabajo del equipo?

## 3. ¿Qué? - Negocio en el que estamos

• Identificar y escribir 4 negocios en los que NO estamos.
• Identificar y escribir 4 negocios en los que SI estamos.
• Definir negocio en el que estamos. Es una frase que englobe lo que vamos a hacer, los servicios que vamos a prestar de forma explícita y muy concreta.

## 4. ¿MEGA?

La MEGA es la Meta Grande y Ambiciosa Deben ser objetivos **SMART** (e**S**pecifico, **M**edible, **A**lcanzable, **R**ealista, a **T**iempo). Ahora, es preciso definir cómo aporta cada miembro del equipo a alcanzar la MEGA, cuál será nuestro rol y nuestros compromisos.

Para esto redactaremos un Acuerdo de Valor Absoluto en el que cada uno definirá la forma en que trabajará como parte del equipo de destiladores de innovación para alcanzar la MEGA, esto teniendo en cuenta nuestro propósito común y nuestros valores. Cada miembro del equipo deberá firmar el acuerdo de los demás.

## I.4. Entrevistas a Profundidad

Las entrevistas a profundidad o Cita con el Cliente son adecuadas para entender a las personas y lo que realmente sienten, no sólo lo que dicen que sienten. Estas entrevistas nos permitirán:

• Generar experiencias placenteras para los entrevistados, invitándolos a abrirse con confianza sobre el tema a tratar.
• Obtener hallazgos que nos permitan generar el material de inspiración para los equipos, ayudándolos a transformar ideas en soluciones viables.

Para el desarrollo de estas entrevistas, hacemos uso de diferentes disciplinas que nos permiten obtener los hallazgos necesarios para implementar en nuestros procesos de innovación:

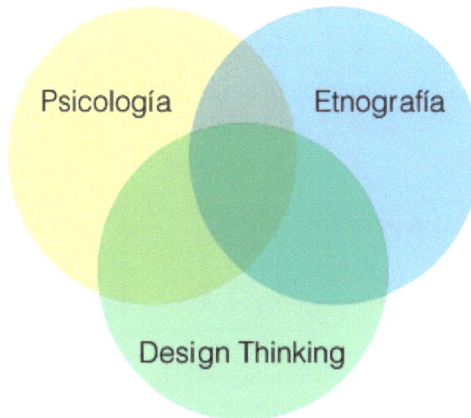

Nos interesa conocer la diferencia entre lo que una persona dice y lo que realmente piensa porque estas diferencias a menudo revelan necesidades no satisfechas, problemas no resueltos u oportunidades no aprovechadas. Para lograr esto:

- Hacemos un proceso de inmersión en la vida de las personas
- Observamos su comportamiento durante la entrevista
- Les pedimos reflexionar sobre sus respuestas usando la pregunta: ¿Por qué?

El proceso para realizar las entrevistas se divide en 3 etapas:

## 1. Antes

- Preparar la entrevista, investigar sobre la persona a quién vamos a entrevistar, se puede Generar una conversación individual, en grupo o con expertos.
- Responder ¿a quién voy a entrevistar? ¿por qué? ¿qué información necesito obtener?
- familiarizarnos con la metodología, preparar algunas preguntas para no sesgar la conversación y enfocarse en preguntas abiertas sobre el problema.

**Formato de ejemplo para Entrevista:**

| |
|---|
| Fecha, Lugar |
| Datos del Entrevistado y Entrevistador |
| ¿De donde nace el reto? • Oportunidad, necesidad o problema |

| |
|---|
| ¿A quiénes afecta? ¿Cómo? |
| Ejemplos (¿Cuándo y cómo fue la última vez que ocurrió?) |
| ¿Qué se ha hecho para dar respuesta al reto? |
| Anotaciones adicionales |

## 2. Durante

- Generar empatía, permitirle expresarse abiertamente, no forzar respuestas ni hacer sugerencias, ahondar en el tema preguntando ¿por qué?
- Hacer que el entrevistado se sienta como un experto.
- Utilizar la regla 80/20: el entrevistado hablará el 80% del tiempo, el entrevistador hablará sólo el 20%.
- Interpretar lo que el entrevistado dice y cerciorarse de que eso es lo que quiso expresar.

### Protocolo para las entrevistas

- Se necesitan dos roles: uno que haga la entrevista y un relator que anote todos los hallazgos.
- Presentarse
- Dejar que los entrevistados se presenten
- Anotar todo lo que suene relevante y sea información a la que no tengamos acceso

- Anotar todo lo desconocido.
- Anotar nombres propios cuando se usen.
- Anotar comportamientos que se identifiquen en los entrevistados
- Se debe garantizar la obtención de información adicional y verídica del reto: estadísticas, cifras interesantes, estudios realizados, soluciones previamente implementadas, etc.
- Preguntar siempre ¿Por qué? cuando haya lugar. El objetivo es conocer la razón o argumentos de todo lo que los entrevistados nos compartan

## 3. Después

- Analizar los hallazgos y la información generada, sintetizar y compartir
- Analizar la información lo antes posible, no dejarla enfriar.
- Hacer uso de anotaciones o grabaciones para descubrir nueva información

# I.5. Collage

Un Collage es una expresión visual de emociones cuyo objetivo es abstraer información cualitativa relacionada emocionalmente con el problema y aquellos que lo padecen.

Retos:

- Obtener calidad y no cantidad en la información
- Asociar cada imagen a un concepto claro
- Identificar por qué se usa cada imagen y su significado

**1. Antes**

- Establecer objetivos: ¿Qué información quieres obtener?
- Planea tu diseño
- Haz tu collage creativo y fácil de interpretar

Ejemplo de plantilla de collage

## 2. Durante

- Recopila información
- Conviértela en imágenes
- Crea conceptos
- Descubre hallazgos

"Cada imagen dentro del collage debe ir acompañada de su significado"

## 3. Después

- Analiza el collage con tu equipo
- Involucra al facilitador para ganar mayor profundidad
- Transcribe: convierte las imágenes en hallazgos, anota cada uno en un post-it

# I.6. Mapa Mental

Los mapas mentales son diagramas usados para representar las palabras, ideas, tareas y dibujos u otros conceptos ligados y dispuestos radialmente alrededor de una palabra clave o de una idea central. Los mapas mentales son un método muy eficaz para extraer y memorizar información. Son una forma lógica y creativa de tomar notas y relacionar conceptos para generar reflexiones sobre un tema.

Retos:

●       Desarrollar la capacidad intuitiva de los participantes.
●       Identificar sub niveles de problemas y cómo éstos se relacionan con el reto principal.
●       Estructurar el mapa mental en una forma sencilla de entender para otras personas.

## 1. Antes

Definir el tema central: ¿Cuál es el reto que queremos entender?

**2. Durante**

- Escribe el tema principal en el centro Identifica los componentes secundarios
- Amplía en varios sub niveles de conceptos
- Asocia los conceptos relacionados entre sí

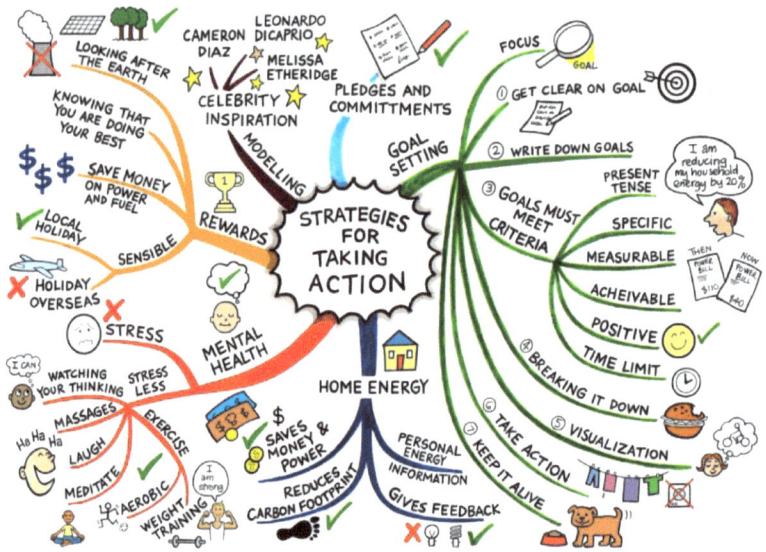

## 3. Después

- Analiza el mapa mental con el equipo
- Involucra al facilitador para agregar más profundidad
- Transcribir: identificar y anotar los hallazgos por escrito

# I.7. Perfil de Usuario

Esta herramienta es muy útil para que el equipo de innovación esté alineado sobre quienes son los interlocutores hacia los cuales se debe dirigir la investigación de empatía.

El primer paso es identificar los interlocutores:

* ¿Quién padece el problema?
* ¿Quién está dispuesto a pagar por resolverlo?
* ¿Dónde se encuentran? (identificar personas reales)

El segundo paso es mostrar este perfil de manera visual, mostrando las principales características del usuario objetivo, incluyendo sus intereses, su contexto, hábitos, etc.

Por ejemplo, para una investigación de empatía de un reto propuesto por una empresa multilatina en el sector de belleza, se definió que el reto inicial era: "cómo lograr que las mujeres usuarias de la marca consigan un maquillaje perfecto?"

Ya que la personalidad de la marca tenía un enfoque juvenil, la investigación se enfocó a un Perfil de Usuario con mujeres entre 17 y 24 años y se resumió gráficamente de la siguiente manera:

Mujeres entre 17 y 24 años que les gusta...

Disfrutar de cada momento

**Divertirse** Bailar

Moda

 Reir

## I.8. Diario de Usuario

Esta herramienta permite recrear o mapear las situaciones donde se presenta el problema/reto a trabajar, registrar y plasmar todas las experiencias y aprendizajes vividas por el propio usuario.

Diseñar una plantilla de diario de usuario depende mucho del contexto del reto, pero a continuación lo ilustraremos con un ejemplo:

*Para una investigación de empatía de un reto propuesto por una empresa multilatina en el sector de belleza, se definió que el reto inicial era: "cómo lograr que las mujeres usuarias de la marca consigan un maquillaje perfecto?"*

*Ya que la personalidad de la marca tenía un enfoque juvenil, la investigación se enfocó a un Perfil de Usuario con mujeres entre 17 y 24 años, con los siguientes objetivos específicos:*

• *Identificar cómo se sienten las mujeres día a día a la hora de maquillarse.*
• *Reconocer los factores (vestidos, tendencias, amigas, etc...) que tienen en cuenta las mujeres para evaluar el resultado final de su maquillaje.*
• *Identificar las diferentes fuentes de inspiración que utilizan las mujeres para su maquillaje.*
• *Identificar las diferencias entre un maquillaje para el día a un maquillaje para la noche.*
• *Identificar la secuencia (paso a paso) de las mujeres a la hora de maquillarse en el día y en la noche y cuanto tiempo se demora.*

*Se diseñó el siguiente diario donde las mujeres podían expresar día a día su experiencia de maquillaje durante toda una semana, además también tenían 2 caras impresas de una mujer para que con sus propios productos, maquillaran a estas muñecas para 2 ocasiones muy específicas: para el día y para la noche.*

*Éste fue llevado a cada uno de los hogares de las usuarias una semana antes de la sesión participativa, donde cada una expuso su diario a las demás participantes y pusieron en común la experiencia vivida, generando gran cantidad de información para el equipo de innovación.*

Introducción

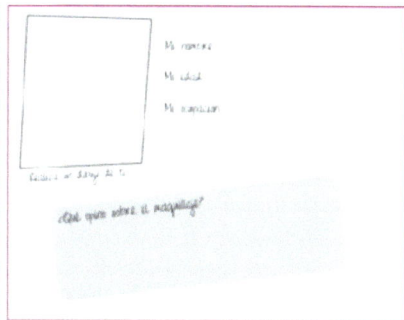

Datos personales de las usuarias, donde deben realizar un dibujo de ellas en el cual se puede percibir la visión que tienen sobre ellas mismas

Ayuda a identificar los productos y colores mas usados por las mujeres, la infuencia del vestido con el maquillaje y el tiempo aproximado que demoran ellas

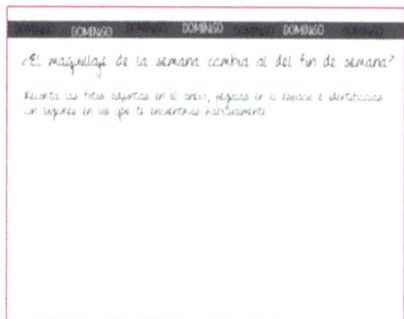

Para esta actividad las usuarias utilizaran imagenes predefinidas para la creación de collage que identifique la información solicitada

## I.9. Perfil del Cliente

El Perfil del cliente es la parte derecha de la herramienta conocida como Lienzo de Propuesta de Valor diseñada por Alexander Osterwalder[29], ésta realiza un Zoom-in del Lienzo del Modelo de Negocio y está enfocada en el diseño de mejores propuestas de valor:

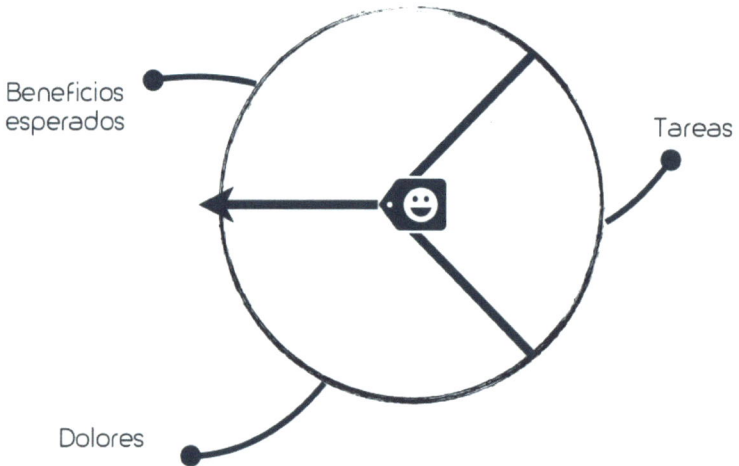

The Value Proposition Canvas is released for use with Copyright by Strategyzer AG and Strategyzer.com

El Perfil de Cliente se divide en tres partes que son cruciales para entender a fondo nuestro segmento de mercado: Tareas - Dolores - Beneficios esperados

---

[29] The Value Proposition Canvas is released for use with Copyright by Strategyzer AG and Strategyzer.com

● Las **Tareas** describen aquello que el cliente está intentando obtener o lograr en su trabajo y/o en su vida diaria o aquellas necesidades puntuales que desea suplir.

● **Dolores**: describe todo aquello que molesta a nuestro cliente antes, durante y después de intentar resolver una tarea o satisfacer una necesidad.

● **Beneficios**: describe los resultados que nuestro cliente quiere obtener o el beneficio concreto que ellos están buscando.

Una vez que hemos definido cada uno de los ítems del Perfil de Cliente es el momento de priorizar, debemos calificar cada una de las tareas y validar cuál de ellas es la más importante para nuestro cliente, cuáles son sus dolores más fuertes y cuales son los beneficios más esperados.

# I.10. Mapa de Valor

El Mapa de valor es la parte izquierda de la herramienta conocida como Lienzo de Propuesta de Valor diseñada por Alexander Osterwalder[30], ésta realiza un Zoom-in del Lienzo del Modelo de Negocio y está enfocada en el diseño de mejores propuestas de valor.

El mapa de valor describe las características específicas de cómo estaría estructurada la propuesta de valor, este nos ayudará a entender que valor estamos entregando al segmento de mercado con la solución que acabamos de diseñar. Este cuadro se divide en productos y servicios, aliviadores y creadores de beneficios:

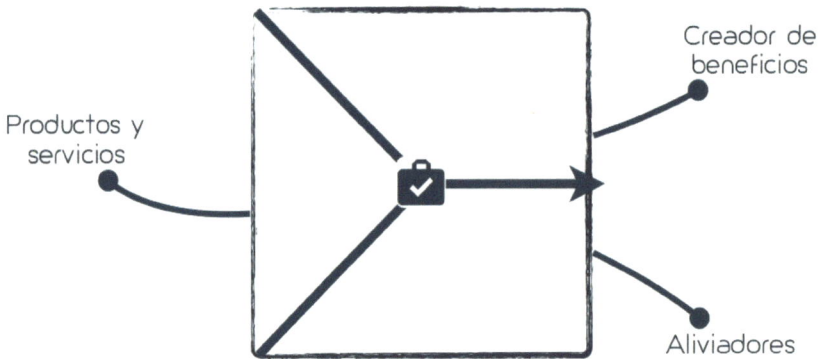

- **Productos y servicio**s: es la lista de todos los productos y servicios sobre los cuales está construida la propuesta de valor. En esta casilla debemos enumerar cada uno de los productos y servicios que juntos componen la propuesta de valor.

---

[30] The Value Proposition Canvas is released for use with Copyright by Strategyzer AG and Strategyzer.com

- Los **aliviadores,** como su nombre lo indica describen cómo los productos y servicios alivian los Dolores encontrados y definidos en el Perfil de cliente. Recordemos que se deben tener en cuenta los Dolores del Perfil de Cliente al momento de definir los aliviadores.

- Los **creadores de beneficio** describen cómo los productos y servicios crean beneficios al perfil de cliente definido. De igual forma que los aliviadores, para definir los creadores de beneficios debemos tener muy presente lo que encontramos en el Perfil de Cliente.

Cuando ya hemos definido el Mapa de Valor es el momento de revisar si lo que tenemos en él está alineado con lo que el Perfil de Cliente tiene, es decir si los Productos o servicios, aliviadores y creadores de beneficio están alineados con las tareas, Dolores y beneficios más importantes del Perfil de Cliente.

# I.11. Sesión Participativa

Esta herramienta permite comprender a los directamente afectados en el problema o reto a trabajar, saber las cosas que hacen y porqué las hacen, sus necesidades físicas y emocionales, como conciben el mundo y qué es significativo para ellos.

Durante esta sesión grupal, invitaremos a nuestros usuarios para realizar unas actividades con el fin de obtener la mayor información posible para cumplir con los objetivos de investigación de empatía.

Antes de facilitar cualquier sesión, hay que asegurarse de hacer un inventario de lo que necesitamos, de reconocer el lugar donde se realizará la actividad, de haber esbozado un plan de ejecución y de tener listas actividades de rompehielos (para generar empatía entre el público o ensamblar equipos), calentamientos (para despertar cuerpo y mente, asegurar niveles de atención) y cierre (para retroalimentar y descubrir lo aprendido durante la sesión).

A continuación, ofrecemos un formato para planear los diferentes momentos y actividades de cada sesión:

| Tiempo | Actividad |
|---|---|
| 15 mins | Presentación de cada uno de los participantes y facilitadores |
| 15 mins | Actividad dinámica (rompehielos) |
| 60 mins | Cada usuario comparte su experiencia al realizar el diario de usuario o entrevista a profundidad previa a la sesión |
| 15 mins | Refrigerio |
| 60 mins | Ejecución, recreación o dramatización de las actividades que realizan los usuarios normalmente respecto al reto que se está investigando. |
| 45 mins | Actividad Participativa (puede ser un collage, mapa mental, etc.), dividiendo el grupo en equipos más pequeños, reflexionando sobre la pregunta principal del reto |
| 45 mins | Exposición del trabajo que realizó cada grupo, poniendo en común los hallazgos |
| 15 mins | Cierre de sesión |

## I.12. Lienzo de Modelo de Negocio

El *Business Model Canvas* es una herramienta creada por Yves Pigneur y Alex Osterwalder que permite entender en 9 bloques cómo la empresa o emprendimiento crea, entrega y captura valor en el mercado:

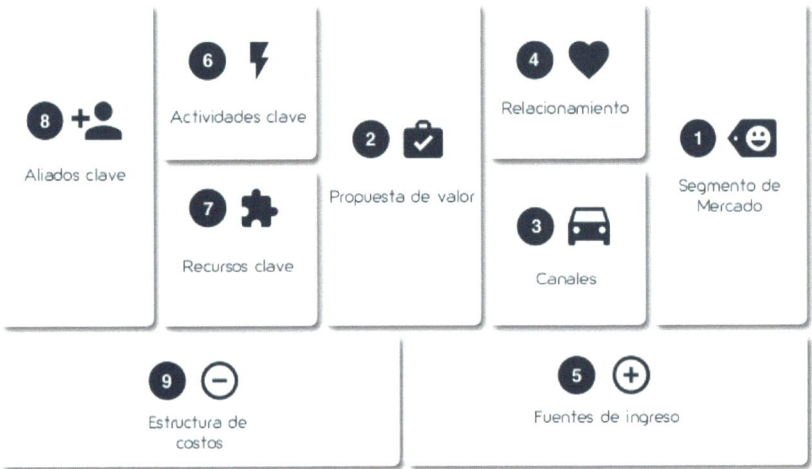

The Business Model Canvas is released under Creative Commons license by Strategyzer.com

El Lienzo de Modelo de Negocio se compone de 9 bloques que son:

• **Segmento de mercado:** los clientes son la razón de toda empresa, en este paso del proceso ya se debe tener definido gracias a las fases anteriores y al resultado del Lienzo de Diseño de Propuesta de valor.

• **Propuesta de valor**: ésta describe el conjunto de características y beneficios que crean valor a un segmento específico. La capacidad de proporcionar un valor excepcional es la razón clave por la que los clientes prefieren una organización a otra.

• Los **Canales:** te permiten Identificar cómo se va a entregar y a comunicar la propuesta de valor al segmento de mercado.

• La **Relación con los clientes**: Qué estrategias se van a ejecutar para Adquirir, Mantener y hacer Crecer la base de Clientes.

• **Fuentes de Ingresos**: cuánto están dispuestos a pagar por recibir la propuesta de valor, y cómo se va a aceptar el pago en la forma que los clientes prefieren.

• **Actividades clave**: son aquellas actividades que la empresa no debe descuidar para que el resto del Modelo de Negocio funcione.

• **Recursos Clave**: describe los activos que se necesitan para que el Modelo de Negocio se mantenga sobre la marcha, recursos físicos, económicos, humanos, intelectuales, entre otros.

• **Socios Clave**: Son todas aquellas empresas o personas que hacen posible que el Modelo de Negocio funcione.

• **Costos:** Describe todos los costos en los que se incurre al operar el modelo de negocio.

## I.13. Fuerzas del Entorno Competitivo

Para hacer un análisis externo a la organización, se puede hacer un zoom-out del Lienzo y realizar el mapa de la competencia, tendencias del mercado, y otras fuerzas del mercado:

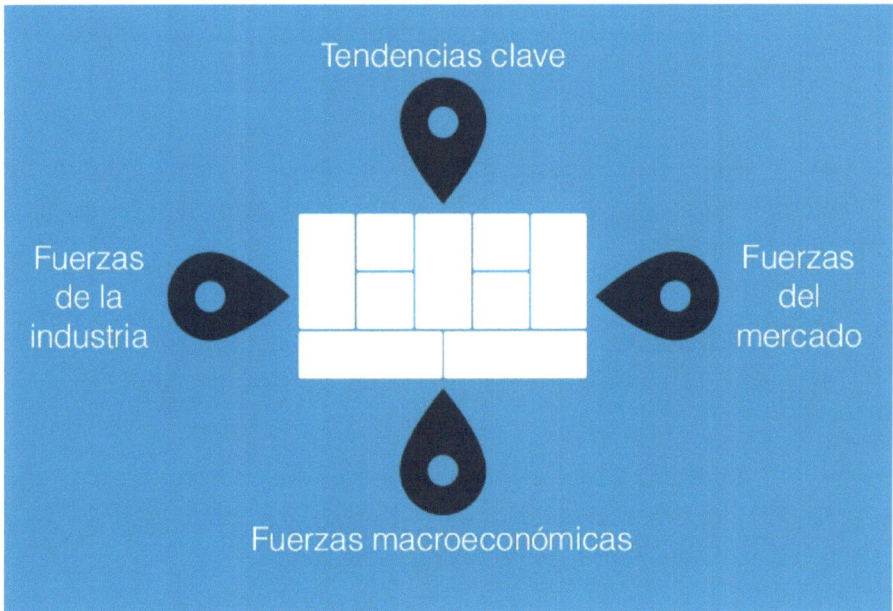

Preguntas guía para encontrar los puntos de partida para los retos de innovación de un modelo de Negocio:

* ¿Cómo podemos crear valor a partir de una nueva tendencia tecnológica o cambio regulatorio?
* ¿Cómo podemos exaptar (imitar o adaptar) una solución de otra industria a nuestro modelo de negocio?
* ¿Cómo podemos desarrollar una propuesta de valor que los competidores no puedan copiar?

- ¿Cómo podemos adaptar nuestra propuesta de valor existente hacia mercados desatendidos o nuevos?
- ¿Cómo podemos adaptar el modelo de negocio a las nuevas tendencias macroeconómicas?
- ¿Con cuál de nuestros aliados podemos trabajar en conjunto para desarrollar una nueva propuesta de valor?
- ¿A partir de cuáles activos con los que contamos actualmente podemos apoyarnos?
- ¿Cómo podemos disminuir los precios de forma dramática alterando la estructura de costos?
- ¿Cómo generar una nueva propuesta de valor aprovechando las relaciones y canales de distribución existentes?
- ¿Qué diferenciación podríamos lograr si reestructuramos la estrategia de precios?
- ¿Cómo podemos crear una nueva propuesta de valor para los segmentos de cliente actuales?

# I.14. Tablero de Validación

Esta herramienta permite organizar las pruebas piloto y ayudarnos a entender los resultados.

| IDEAS | EXPERIMENTOS | 1 | 2 | 3 |
|---|---|---|---|---|
| ¿Quién es tu cliente/ usuario? | Cliente | | | |
| | Problema | | | |
| ¿Cuál es su problema? | Solución | | | |
| | Hipótesis más riesgosa | | | |
| ¿Cuál es tu solución? | Prueba piloto | | | |
| | Métrica de éxito | | | |
| INMERSIÓN Y TRABAJO DE CAMPO | | | | |
| Criterios que deben validarse | Resultado y decisión | | | |
| | Aprendizajes | | | |

# REFERENCIAS

- Innovation— What's Design Got to Do With It?. Bettina von Stamm. 2004.
- Where Good Ideas Come From: The Natural History of Innovation. Steven Johnson, 2010. Penguin
- 7 Steps for Open Innovation: Grading Your Company's Open Innovation Capabilities. Stefan Lindegaard. 2015.
- Open Innovation: Researching a New Paradigm. Henry Chesbrough, Wim Vanhaverbeke and Joel West, eds. Oxford University Press, 2006.
- Leonardo, Portrait of a Master. Bruno Nardini. 1999. Giunti Editore
- Business Model Generation. Osterwalder. John Wiley and Sons. 2010
- The Design Council. The Design Process: What is the Double Diamond? http://www.designcouncil.org.uk/news-opinion/design-process-what-double-diamond
- Search Versus Execute. Steve Blank. http://steveblank.com/2012/03/05/search-versus-execute/
- Why Lean Canvas vs Business Model Canvas?. Ash Maurya. Feb 27 2012 http://leanstack.com/why-lean-canvas/
- Achieve Product-Market Fit with our Brand-New Value Proposition Designer Canvas. http://businessmodelalchemist.com/blog/2012/08/achieve-product-market-fit-with-our-brand-new-value-proposition-designer.html
- The Startup Owner's Manual: The Step-by-Step Guide for Building a Great Company. Steve Blank and Bob Dorf. 2012. K&S Ranch Publishing Division
- The Lean Startup. Eric Ries. 2011. Crown Publishing Group

- What is a Startup, First Principles. Steve Blank. http://steveblank.com/2010/01/25/whats-a-startup-first-principles/
- Design-Thinking. Documentary Film directed by Mu-Ming Tsai
- Pensamiento Lateral (Edward de Bono, 1967), Múltiples inteligencias (1983, Howard Gardner ), entre otros.
- Design-Thinking in the Management Discourse. Hasso & Laaksi (2011) http://www.mindspace.fi/wp-content/uploads/2013/12/HassiLaakso_2011_IPDMC.pdf
- How great leaders inspire action. Simon Sinek. http://www.ted.com/talks/simon_sinek_how_great_leaders_inspire_action
- Business Model YOU, A One-Page Method for Reinventing Your Career. Tim Clark, in collaboration with Alexander Osterwalder and Yves Pigneur. 2012 John Wiley & Sons
- How To Scan Your Business Model Environment For Disruptive Threats And Opportunities. http://blog.strategyzer.com/posts/2015/10/14/how-to-scan-through-your-environments-disruptive-threats-and-opportunities?rq=environment
- Contextmapping: Experiences from practice. Sleeswijk Visser, F., Stappers, P.J., van der Lugt, R., Sanders, E.B.N.. CoDesign: International Journal of CoCreation in Design and Arts, 1(2), 2005, 119-149. contextmapping in practice
- Making sense of MVP (Minimum Viable Product) – and why I prefer Earliest Testable/Usable/Lovable. Henrik Kniberg. 2016. http://blog.crisp.se/2016/01/25/henrikkniberg/making-sense-of-mvp
- Miniguide to the design thinking process (d.school). [https://dschool.stanford.edu/sandbox/groups/designresources/wiki/31fbd/attachments/027aa/GU%C3%8DA%20DEL%20PROCESO%20CREATIVO.pdf?sessionID=c2bb722c7c1ad51462291013c0eeb6c47f33e564]
- Lienzo de Propuesta de Valor. Strategyzer AG. Strategyzer.com
- El Lienzo de Modelo de Negocios ha sido licenciado bajo Creative Commons por Strategyzer.com

- [video] Business Model Lienzo (subtitulado al español) https://www.youtube.com/watch?v=OoshJr_cEgY
- How To Scan Your Business Model Environment For Disruptive Threats And Opportunities. http://blog.strategyzer.com/posts/2015/10/14/how-to-scan-through-your-environments-disruptive-threats-and-opportunities?rq=environment

# ACERCA DE LOS AUTORES

*Alejandro Ríos* (**@alerios**): Especialista en Gerencia de Diseño de Producto de la Universidad EAFIT (2013), Ingeniero en Electrónica y Telecomunicaciones de la Universidad del Cauca (2005), con más de 15 años de experiencia en emprendimientos de base tecnológica. Su portafolio de trabajo incluye desde Comunicaciones Unificadas en la nube basadas en Open Source y Telefonía IP, pasando por Mashups para Redes Sociales, Design Thinking en Startups, prácticas PMI combinadas con Agile/Scrum, ciclo-vehículos eléctricos, hasta su granja familiar de caficultura orgánica certificada por RainForest Alliance.

*Carlos Jaramillo* (*@mischiefcol*) : Master en Comercio Internacional y Master en Investigación de mercados y Comportamiento del Consumidor (IE Business School), Experto en validación de mercados de cara al consumidor, con una amplia experiencia formulando y ejecutando estrategias de internacionalización. Se ha desempeñado como tutor de ideas de innovación corporativa, desarrollando unidades de negocio escalables, sostenibles y rentables. Co-fundador y CMO de Distilled Innovation, es una persona apasionada por generar soluciones creativas que agreguen valor tanto al usuario como a la empresa.

*Fernando Piraquive* (*@NandoPiraquive*) : Experiencia de más de 10 años en el sector corporativo y en emprendimientos de alto impacto, liderando y acompañando equipos en el diseño e innovación de modelos de negocios e innovación abierta, para generar soluciones rentables y sostenibles. Cuenta con habilidades para manejar con solvencia las finanzas corporativas, evaluación de proyectos y diagnósticos financieros , que lo capacitan para analizar e implementar nuevas alternativas que se traduzcan en la transformación de procesos que generen valor. Es una persona analítica y persistente. Emprendedor apasionado en constante contacto con el mercado, en la búsqueda de oportunidades y estrategias de crecimiento. Co-fundador de Distilled Innovation y DataCRM Soluciones.

*Christian Piraquive* (**@piraseligman**): Profesional en Negocios Internacionales, Co-fundador de Distilled Innovation. Design Thinker y Catalizador de Innovación, Emprendedor de tiempo completo, con más de 5 años de experiencia como consultor y facilitador en Empresas y Startups en el Diseño e Innovación de Modelos de Negocios, Innovación Abierta y Estrategia utilizando metodologías ágiles (Business Model Canvas + Lean Startup + Design Thinking. Emprendedor en el sector Hotelería & Turismo y Startups de base tecnológica. Mentor de emprendimiento en Startups Weekends, Social Hackathon y Destapa Futuro.

www.ingramcontent.com/pod-product-compliance
Lightning Source LLC
Chambersburg PA
CBHW041225280326
41928CB00045B/60